国家出版基金项目
NATIONAL PUBLICATION FOUNDATION

社会主义核心价值体系建设
"双百"出版工程

项 目

/100位

新中国成立以来感动中国人物/

毛岸英

杨大群/著

★

吉林文史出版社

《100位新中国成立以来感动中国人物》丛书

★★★★★

编 委 会

主　任　　何建明　蒋建农　高　磊

副主任　　孙云晓　徐　潜　张　克　王尔立

编　委　　王久辛　杨大群　黄晓萍　申　剑

　　　　　褚当阳　刘玉民　王小平　相南翔

　　　　　夏冬波　刘忠义　高　飞　陈　方

　　　　　阿勒得尔图　陈富贵

前　言

　　每个人的心中都多少有一点英雄情结，都向往英雄、景仰英雄。也正因此，在中华人民共和国建国六十周年之际，由中央十一部委联合组织开展的"100 位为新中国成立作出突出贡献的英雄模范人物和100 位新中国成立以来感动中国人物"的评选活动中，群众参与投票总数近一亿。这其中的每一张选票，都表达了人们对英雄模范的崇敬之情，寄托着对伟大祖国的美好祝福。

　　一个民族不能没有英雄，否则这个民族就不会强大。当国家危难之时，懦弱者选择了逃避、妥协甚至投降，英雄们却挺身而出，用热血捍卫民族的尊严，人民的幸福。在创立和建设新中国的伟大历程中，涌现出无数可歌可泣的英雄模范人物。他们之中，有为了民族独立和人民解放而英勇牺牲的革命先烈，有为了党和人民的事业而不懈奋斗的优秀共产党员，有在全民族抗战中顽强奋战、为国捐躯的爱国将士，有英勇杀敌的战斗英雄和革命群众，有积极从事进步活动的著名民主爱国人士和国际友人……他们是民族的脊梁、祖国的骄傲，是激励全体人民团结奋斗的精神力量。

　　《100 位新中国成立以来感动中国人物》丛书，就像一部星光璀璨的英雄谱，真实、完整地记录了英雄模范人物不平凡的一生，再现了他们非凡的人格魅力和精神世界。舍身堵枪眼的黄继光，拼命也要拿下大油田的王进喜，中国原子弹之父邓稼先，新时期领导干部的楷模孔繁森……一串串闪光的名字，一个个动人的故事，犹如群星闪烁，光耀中华。

　　当今中国正处于伟大变革的时代，迫切需要涌现出一大批勇于承担历史使命、为祖国和人民奉献一切的先进人物。在"双百"人物崇高精神的引领下，在建设社会主义现代化国家的征程中，必将英雄辈出。

生平简介

　　毛岸英（1922-1950），男，汉族，湖南省韶山市人，中共党员。生前系中国人民志愿军司令部俄语翻译和秘书。

　　毛岸英是毛泽东的长子。8岁时，由于母亲杨开慧被捕入狱，他也被关进牢房。杨开慧牺牲后，地下党组织安排毛岸英和两个弟弟来到上海。由于地下党组织遭到破坏，毛岸英兄弟流落街头，他当过学徒，捡过破烂，卖过报纸，拉过人力车。1936年，毛岸英被安排到苏联学习，后来参加了苏联卫国战争，冒着枪林弹雨转战欧洲战场。1946年，毛岸英回到延安，同年加入中国共产党。他遵照父亲"补上劳动大学这一课"的要求，在解放区搞过土改，做过宣传工作，当过秘书。解放初期，任过工厂的党委副书记。他从不以领袖的儿子自居，处处严格要求自己，努力和普通劳动群众打成一片。1950年，新婚不久的毛岸英主动请求参加抗美援朝战争，11月25日上午，美空军轰炸机突然飞临志愿军司令部上空，投下了几十枚凝固汽油弹。在作战室紧张工作的毛岸英壮烈牺牲，年仅28岁。毛泽东得知毛岸英牺牲的消息后，强忍丧子之痛，缓缓地说："打仗总是要死人的。中国人民志愿军已经献出了那么多指战员的生命，他们的牺牲是光荣的。岸英是一个普通战士，不要因为是我的儿子，就当成一件大事。"这是毛泽东一家为了中国人民的革命事业牺牲的第六位亲人。

1922-1950
[MAOANYING]

◀ 毛岸英

目 录 MULU

序　言

刘思齐

　　进入新世纪的门槛，我收到的最为宝贵的礼物就是作家杨大群同志的这部浸透心血、洋溢着激情的《毛岸英》书稿。对我来说，书中的每一个字都是无比珍贵、无比亲切的。在这个无比需要英雄、需要理想的时代，永生的岸英将以更清晰更鲜活的形象活在万千读者心中。作家把离开了我整整50年的亲人又还给了我，我甚至觉得，这部为全中国读者写的、记录一位伟大的国际主义战士光辉而短暂的一生的书，是专门为我一个人写的，是为了让我重新认识岸英的崇高价值和完美人格，为了让我重温那些甜美、温暖、如诗如歌、如痴如醉的回忆，为了回顾他所经受的考验、磨难、斗争和幸福，为了抚慰我半个世纪对他的永不褪色的思念。当然，痛苦和泪水是不可回避的。

　　岸英这个伟大而质朴的人太克己、太谦逊，对自己也太苛刻了。回忆起和他初识到离别的匆匆几年间，往往他只给我说了他所受的苦难和悲欢，在极端艰难的环境中失去岸龙弟弟的歉疚，而很少谈他自己的勇敢、智慧、牺牲精神和博大的爱心。年轻的我，在那初恋和新婚的日子里，也许过分沉醉在他的热忱、柔情、体贴和男子汉的无穷魅力之中。读了大群同志的这本书，我再一次感受到岸英作为一名战士、一位英雄的伟大品格和他心系全世界劳动人民的宽阔胸怀。

　　作家的笔把我带回他那令人神往的童年，那美丽的故乡热土，聪慧、坚强、温暖的妈妈，他稚嫩的小手助妈妈一臂之力的欢乐；也让我回顾起那对于一个十来岁的孩子太过残酷和艰难的在上海流浪的日子：乞讨、打零工、睡破庙、拉黄包车，忍受饥渴、寒冷、白眼和打骂，躲避国民党和日本特务走狗的追捕搜索，还要为年幼的弟弟遮风挡雨，教弟弟识字不忘家仇国恨。他经历了太多的令人心痛的折磨。真恨那时正在襁褓中的我不能为他助上一臂之力，在遥远的苏联，在那座战争阴云笼罩下的国际儿童院，已成为一个小伙子的岸英如此优秀，如此才情焕发，绽放出青春的光彩。他是年轻人拥戴的组织者，热情洋溢的鼓动者。他不是因为有一个伟大的父亲而是因为自己的卓越表现，赢得了年轻朋友的尊重和热爱。在驾驶坦克穿越欧洲原野直捣柏林的战斗中，他又为中华儿女争了光。作为一个中国人，我为有岸英这样的同胞和亲人而自豪！身处异国他乡的岸英坚决而委婉地拒绝了苏方让他加入苏联国籍的建议，一次一次无动于苏联姑娘真诚热情的爱的表白。他知道，伟大的祖国在等待着他。多情的命运为我安排下这份美好的姻缘，为了岸英那坚定的爱国选择，作为他的同胞、战友和亲人，我永远永远感谢他。

没有见到为革命牺牲的开慧妈妈，是我一生最大的憾事，而有了伟大领袖毛主席做我亲爱的父亲，又是我终生的幸福。我也是一个革命烈士的后代，父亲刘谦初烈士和岸英的妈妈一样为革命事业英勇牺牲在反动派的屠刀下。而我和岸英都有在牢狱中陪伴母亲的经历。不同的是开慧妈妈牺牲了，我母亲张文秋则成为一名幸存者；岸英在潇湘之畔，我在天山脚下。父亲毛主席是我和岸英的媒人，使我和岸英相识、相恋，关怀和心血灌注爱情之果。感谢命运，我这个孤苦伶仃的烈士遗孤，不知不觉中竟拥有了两位亲人：一个最完美的爱人和一位最伟大的父亲。

和岸英的爱情是一首美丽的诗，在延水旁的窑洞里、枣树下，在西柏坡的农家小院，在北京中南海和东四的四合院演绎的爱情故事，有太多的理解、关切、体贴和倾慕，太多的无法言传的温和甜蜜。感谢作家写了这美好的过程。虽然任何艺术都没有生活本身那样真切、鲜活、韵致盎然、诗意葱茏。但作家能这样细致地再现那段故事，我已经十分满足了。我们敬爱的父亲毛主席的关爱和亲情也是一首诗。父亲那慈祥而又严正的教诲、幽默而又机智的谈笑至今依然亲切清晰地响彻在耳边。我是先给他老人家做了干女儿后做了儿媳的。有一次我和岸英争父亲的一件大衣时，父亲风趣地说岸英把他的女儿搞去做了老婆，还要来发他的洋财，岸英听过之后那爽朗的笑声如今也依然清晰可闻。岸英牺牲的确切消息，我是在他牺牲两年之后才从父亲那里听到的。对岸英痴心的爱和对他无限生命力的坚信使我傻傻地相信了包括父亲在内的所有人一个个善意的谎言，度过了那提心吊胆、不祥的预感压在心头、日夜盼望岸英归来的日子，是父亲毛主席的关爱、抚慰、劝谕、引导，鼓舞我战胜悲痛，走出绝望，是他那双坚强而温暖的大手，拉着我走向未来。

岸英离开我整整 50 年，父亲和我们永别也快到 25 年了，那些锥心刺骨的悲哀已被岁月磨洗成了持久的沉重的钝痛。平静下来思忖，为了解救遭受侵略者蹂躏的兄弟的朝鲜人民，也是为了表达抗美援朝夺取胜利的决心，父亲他老人家作出抉择，同意亲爱的儿子岸英去烽火连天的朝鲜，与装备上占绝对优势的美帝国主义作战。这是决心、是意志、是无私奉献的宽阔胸怀。岸英殉国的消息传来，他老人家忍受了老年丧子的巨大悲痛，一面一刻不停地处理国事，镇静自若地会见战友、部下和国外宾朋，一面以极大的爱心和耐心，先是隐瞒我，后是安慰我、劝导我，显示出一份深不见底的亲情和作为伟大统帅的坚强自制力与巍然屹立的卓绝风范。

岸英在朝鲜大地上度过了他生命中最后的 40 天。而我当时根本不知道他去了哪里，两年后的 1952 年我才知道他去了朝鲜前线，对于他赴朝参战前后的生活与战斗我知之甚少。杨大群同志作为曾在朝鲜前线采访与岸英并肩战斗过的战友，满含深情地写下了这一切。他写了岸英和彭德怀元帅在参战前后的亲密交往和战斗情谊，写了岸英在紧张的战斗中和朝鲜阿妈妮的骨肉深情，写了岸英在自己的岗位上的那份一贯的兢兢业业、刻苦自励和好学不倦的精神，写了他视死如归、英勇无畏的伟大气概和他壮烈殉国、在烈火中永生的不朽瞬间。读到这些，我仿佛看到了他一身戎装，在枪林弹雨中从容执行战斗任务的挺拔身影，感到有一股热流涌过全身。有关岸英的这些信息对我来说太宝贵了。对人民的好作家、岸英的好战友，我的好兄长大群同志，我要真心地说一声：谢谢！

当我读完大群同志《毛岸英》传纪这部饱含激情的新作之后，我真切地感受到：岸英不仅仅属于伟大的父亲和英雄的母亲，他的爱国主义和国际主义精神，他的崇高品质和高尚人格，属于整个民族和人民……

2001 年 3 月 5 月于北京

童年时代

➡ ⊕ "咱家的房子是长腿的"

★★★★★

1922年10月,湖南长沙的秋色好像比往年更浓,空气也更清新。就在这个月的 24 日寅时,一个婴儿在湘雅医院呱呱落地,他就是一代伟人毛泽东的长子毛岸英。

毛岸英诞生在一个革命家庭里,幼年时就随父母辗转于上海、广州、武汉、湖南等地,到处搬家,小岸英曾天真地对爸爸说:"咱家的房子是长腿的。"

毛泽东是中国共产党创建者之一,就在毛岸英诞生的前一年,即 1921 年,毛泽东出席了中国共产党第一次全国代表大会。

会后,他从上海回到长沙,不久建立了党的湖南早期组织,毛泽东任书记。毛岸英的母亲杨开慧就是在这年冬天入的党。毛泽东和杨开慧的相识是在 1913 年的春天。

1901 年 11 月 6 日,杨开慧出生在湖南省长沙县清泰都下的板仓杨家。父亲杨昌济是位忧国忧民之士,母亲向振熙是一位勤劳俭朴的妇女。小开慧的童年是在乡下度过的。她长到 7 岁时,和小伙伴跑遍了家乡的山山水水,虽然她还是个带点儿娇嫩稚气的小女孩,可心灵中产生了对农民的深厚感情。

她具有读书人家孩子的气质，在国外的父亲每次来信时，都要提到让她上学读书。她让母亲领着到家门旁杨公庙刚办起的长沙县初级小学，要求读书，可去了几回，老师们都说没有女孩子来学校读书的。小开慧一怒之下带着6个女孩找到学校，冲着老师喊："为啥不让女孩子读书？女孩子读书也是要救国的。"这话是她从父亲家信中学来的，说得那位老师眼含泪水地说："我收下你们7个女生，救国是不怕人多的！"学校特为开慧等7个女孩开了一个班。

1913年春天，父亲杨昌济从欧洲留学回国后，被聘到湖南省长沙湖南省立第一师范教书，杨开慧随父母一起迁到了长沙城。她家租下一所不算太宽敞的住宅，杨昌济先生高兴地说："教书育人，是我的救国之志，能献身教育，此愿足矣。"他兴冲冲地亲手制块"板仓杨"的铜牌挂在门旁。

湖南省第一师范学校，聚集着徐特立、黎锦熙、王季范、杨昌济等一批思想进步、学识渊博的教师。当时毛泽东也在这所学校里学习。像毛泽东这样有救国救民宏图大志的青年们，经常在"板仓杨"家谈论国事，杨开慧就是在杨家与毛泽东相识并相爱的。

1920年的冬天，由向妈妈提出和筹备，杨开慧和毛泽东结婚了。1922年毛泽东亲自组织湖南手工业中心六千多泥木工人大罢工。毛岸英就在罢工胜利的鞭炮声和欢呼声中诞生了。毛泽东赶到医院时，脖子上还挂着个金色的口哨。杨开慧激动地流着幸福的泪水，小声地告诉毛泽东说："这是咱们的儿子！"毛泽东激动地说："我们的儿子就叫他岸英吧！"

第二年，毛岸英有了一个弟弟毛岸青。

1924年，在国共合作的形势下，毛泽东被派往上海，参加国民党上海执行部的工作。杨开慧带着两个孩子住进了上海的新家。

在上海还不到一年的时间，毛泽东工作繁重，劳累过度，在杨开慧和同志们多次劝说下，于1924年12月请假从上海回湖南老家养病。一家人先是住在长沙，不久又来到板仓，接着毛泽东带着夫人和儿子回到韶山冲。

这时，弟弟毛泽民和弟媳早就把家里收拾得干干净净了。泽民夫妇按大哥的吩咐准备好了上坟用的祭品。他们全家来到祖茔地。毛泽东把岸英、

△ 青年时代的毛泽东（1924年在上海）

岸青领到父母坟头说："你老人家常说，'不孝有三，无后为大'，这是你老人家的两个孙子，一个叫岸英，一个叫岸青。"

全家人都席地而坐。毛泽东抻抻棉袍大襟说："岸英、岸青你们听着，我是来到家乡唱山歌，来到祖坟说祖宗。讲祖宗是为了不忘根。韶山冲位于湘潭、宁乡、湘乡三县的交界处，地处湘江中游西岸40里，这里群山环抱，是个很美的地方。咱们毛氏原籍江西，在明朝开国时，始祖毛太华随军远征云南澜沧，在当地娶妻生子。明朝洪武十三年，毛太华年老移居湖南湘乡县，十年后，他的两个儿子又迁到邻近的湘潭县韶山冲。岸英、岸青你们的祖父叫毛贻昌，17岁开始当家理事、务农。祖母姓文，她在同行姐妹中排行第七，人称文七妹。她家在湘乡县唐家坨，同韶山冲有一山之隔。她待人接物纯朴善良，极富同情心，她一生默默地操持家务，抚养儿辈。毛泽东讲着讲着提高了声音："岸英、岸青，你祖母最关心的是做人要正，做事要公，勤劳为本，读书为根。她老人家要是健在的话，一见到你们就要问：'我的孙子岸英、岸青，你们爱读书吗？'"岸英立刻回答道："我爱读书。"岸青还听不大懂，只是拍手笑。毛泽东兴趣大增地说："岸英，你给祖父、祖母背诵几句《三字经》吧。"岸英腆起胸脯背诵道："人之初，性本善。性相近，习相远。苟不教，性乃迁。教之道，贵以专。昔孟母，择邻处。子不学，断机杼……"他背诵得很流利。毛泽东又让儿子给讲解一遍内容。然后他点点头，高兴地问儿子还有什么要问的。

岸英把小手一伸问道："爸爸，孟母择邻的事，听妈妈讲过，说是他们家搬家后，与一家哭丧的为邻居，孟子就学着哭丧；后来又与一家杀猪的为邻居，孟子又跟人家学杀猪；最后，家又搬了，与一家读书人家为邻居，从此孟子发奋读书，成为大思想家。爸爸，咱们家的房子是长腿的，到处搬，我将来要成个啥大家呢？"全家人听了岸英的问话，都认为很不好回答。毛泽东略为沉思后格外高兴地说："岸英，咱们家的房子长腿，到处搬家为革命，你是吃百家饭长大的呀，将来要成为革命家。"岸英听着连连点头。

岸英还是个孩子，可他却很懂事，他看爸爸和妈妈每天很忙，不仅帮助外婆带好弟弟岸青，还要妈妈教给他读书识字，妈妈给农民讲课，他坐在下边识字，已经能认识几百个字了。他非常爱看书，见到爸爸有一点闲工夫，就要问些大人的事情。有一天他问道："爸爸，你爱读书吗？怎么个爱读法？"妈妈坐在旁边笑。爸爸说他幼小时念村里私塾学识字，还参加家务劳动。他从识字起就喜欢读书，七八岁时读完了《百家姓》《三字经》《增广贤文》《幼学琼林》等启蒙书，后来就接着读"四书五经"，慢慢地就接受了传统的儒家思想，幼年时他是很相信孔孟之道的。以后他最爱读被塾师称为"闲书"和"杂书"的《水浒传》《西游记》《三国演义》《精忠说岳传》《隋唐演义》等旧小说。在学校里，老师不让读，他就用课本遮挡住偷着读；在家里，父亲不让读，怕夜间读书时间长了，耽误第二天农活，他就用布把窗户遮住，使父亲看不见灯光。妈妈知道他用布遮窗户的把戏，

△ 毛岸英（站立者）与母亲杨开慧、弟弟毛岸青

她怕费灯油，还怕他累坏了眼睛，每夜里都来催他早睡，有时把遮窗户布给拿走。他等妈妈走后，用葫芦瓢遮上灯光继续看书。第二天早晨妈妈看着他的脸问道："石伢子，你深夜又看书了？"他笑着说："妈妈看窗户不是没有透亮吗？我没有看书哇。"妈妈慈祥地看着儿子被油烟熏黑的脸说："看你那张脸黑得成了张飞。"毛泽东调皮地说："妈妈哟，念书不把脸念黑了，就记不住书中的事情呀。"他说得杨开慧和岸英都开怀地笑起来。岸英、岸青听得出了神，岸英拍着手说："爸爸，你真有本事，天天都读好多书写好多字。"毛泽东说："脑袋是个大海，

那大海里的水，就是一天天从许多条江河流来的水注满的。人的知识也是从许多书本里、工作的经验里积攒起来的。等你们长大之后，就会懂得不读书的人，就做不好工作，干不出革命的大事业来。"爸爸读书的精神，深深地记在岸英幼小的心灵里。

1927 年杨开慧在武昌生下第三个孩子。毛泽东在给孩子起名的时候，说："今年是兔年，明年是龙年，往前赶，不往后退，就叫小三岸龙吧，我看狂风暴雨就要到来，只有龙能抗风雨。风雨中的农民要成大事，农民是龙啊！"

➡ 血写的《革命课本》

★★★★★

1927 年 4 月 12 日，蒋介石在上海发动了反革命政变，逮捕和屠杀了大批共产党员和革命群众。中共中央政治局八七扩大会议，决定以武装斗争来打击反革命势力的嚣张气焰，派毛泽东回湖南改组省委，领导秋收起义。

毛泽东预感到这是一场生死存亡的斗争，马上安排杨开慧带着孩子回到板仓老家，并叮嘱开慧要照顾好母亲。管好三个孩子，参加一些农民运动。毛泽东走后，杨开慧即奔走四方，动员农民参加秋收起义。她每天早晨教岸英、岸青认字，给岸龙喂奶，向妈妈和保姆孙嫂作些安排，就带上干粮和水葫芦上路了。每逢这时，岸英就高兴地说："妈妈，给我一口革命水喝。"

10月，毛泽东领导的秋收起义的队伍初上井冈山，对敌人震动很大。而敌占区的白色恐怖却日益严重！不久传来湖南省委负责人郭亮被捕牺牲的消息。与杨开慧联系密切的杨柳坡党支部组织委员郑有益，也被杀害了。党内的同志和乡亲们都很担心开慧的安全，劝她离开板仓，或者送她到江西去。每次她都说："我没有收到润之的亲笔信，不能擅自离开自己的战斗岗位。"她经常到外村去找党员联络事情，到长沙去买报纸。有一天，杨开慧在长沙司门口的一根柱子上看见一颗女人头，下面的一张白纸上写着：共匪首朱德妻伍若兰。

她带着满腔仇恨，走到板仓的棉花山时，连背后的脚步声都没有听见。

"妈妈，我可把你等回来了。"喊她的是岸英。

杨开慧见是儿子岸英，心里一阵滚热。她看见儿子手提个鸟笼子，生气地说："岸英，你逃学了，谁让你拿这个东西！"

岸英一时吓得浑身打哆嗦地说："妈妈，我这是用你给我的压岁钱买的呀。我看笼子里边装的三只小鸟太可怜了，就买下来，把小鸟放飞了。"

妈妈听到这里，紧紧地抱住儿子，痛哭起来，她本当在司门口八角亭一带哭哭革命战友伍若兰的。

岸英小声地说："妈妈，我在这里等你一天了，我有件大秘密事要告诉妈妈。最近几天我在棉花山那里，看见一个奇怪的卖陶罐的人……"他边说边瞪大眼睛。

杨开慧小声说："岸英，妈妈觉得你长大了，懂不少大事了。"她拉着儿子的手回到了家。

家里的保姆孙嫂见娘俩拉着手回来了，有点儿慌张地说："霞姑，有个人来咱们家，说是你的农友，他要我告诉你板仓有个叫范瑾熙的家伙，派人装成卖陶罐的在板仓一带四处转悠，他已经是湖南军阀何健的教官了。来人要你多注意，他们在想办法除掉这个坏蛋。"

开慧明白过来，这个坏蛋肯定是来者不善，她说："孙嫂，你要沉住气，看好三个孩子，照顾好妈妈，发生一切事都要由我来对付。即便他们有千条计谋，不如我有一定之规。"

这天，岸英放学回家走在棉花山路上，有个穿得破烂衣服的家伙问："伢子，你是不是霞姑的大儿子？"岸英说："哪里有什么霞姑？不认识。"他把见到的情况说给妈妈听了。他见妈妈两眼注视着他，她最关心的是对三个儿子的安排……

第二天傍晚，"铲共义勇队"把板仓杨家围住了。一个手里提着匣子枪的家伙一大步跨进屋里，大嘴一咧说："霞姑，你在家呀！"此人就是范瑾熙。

杨开慧冷笑说："你不是来抓我的吗！"她扣好衣服纽襻，瞬间看了孙嫂和岸英一眼，她想要孙嫂把岸英留下。

"给我把恶婆子打入囚车！"范瑾熙喊叫着。

杨开慧一句话没说，径直奔屋外走，她想把敌人引开，让儿子岸英避过这场灾难。

范瑾熙像狼嗥般地喊："没有那么便宜，把毛泽东的崽子也带上。"

这时，那个抓着毛岸英的坏蛋余连珊喊："这个崽子是我抓住的，我要得五百大洋钱。"

岸英拼命地连哭带喊："为啥抓我妈妈！我妈妈是好人，你们是坏蛋！我要妈妈……"他使劲用脚踹坏蛋，用嘴咬坏蛋的手。岸英的哭声真是惊天动地，房外板仓人越聚越多，人们大声喊："为啥抓人?!"

孙嫂也拼命地和坏蛋撕扯着喊："这是我的孩子！你们为啥抓孩子……"

范瑾熙一看板仓人要闹起来了，害怕被绊住脚，大声地嚎叫："快走！快把毛泽东的崽子绑上车，这个老妈子也不是好人，一同带走！"

杨开慧和岸英、孙嫂被范瑾熙关进警备司令部监狱里，接着又被押到司禁湾监狱署。

第二天，何键就派他的执法处长审问杨开慧，要她把地下党的联络图交出来。但敌人没有得到任何东西。

杨开慧和儿子岸英、孙嫂又在黑夜被转移到陆军监狱，这座监狱已经关满共产党员和进步群众。开慧他们被关在小房子里，这里整天看不见天日，只是从破门缝透过一缕亮光。杨开慧把岸英的小手握住，在儿子的手心里一笔一画地写着说："妈妈教你识字，这是我给你编的《革命课本》的第一课：干革命，主义真。为祖国，为人民。方向定，骨头硬。不怕苦，不怕死。辈辈走，不停步。"

妈妈在儿子的手心里，一遍，两遍，三遍……不停地写着，岸英跟着妈妈不停地念着。

第二次审讯开始了。审问的公堂与牢房只有一板之隔，敌人对妈妈用刑的声音岸英听得清清楚楚。岸英大声地哭叫道："谁也不准打我妈妈！谁也不准打……"过分的悲愤使岸英昏迷过去了。

杨开慧被打得遍体鳞伤，匪牢卒将她抬回牢房时，她已经昏死过去了。孙嫂抱着开慧哭出声来，她也昏迷过去了，在她的身边岸英还没有醒过来呢。等孙嫂醒过来时，她听见有说话动静，是开慧和岸英在说话。

"妈妈，你冷吗？我的衣服给你盖上吧。"

"岸英，妈妈不冷。"

"妈妈，坏蛋打你我都听见了，妈妈，你哪里疼？等我长大，我要打坏蛋，替妈妈报仇！"

"妈妈不怕打，妈妈不怕杀！因为妈妈做的是正事！"她在岸英的手心里写着字。

岸英心疼地问道："妈妈，我闻到了你手上有血腥味儿，妈妈，我看见你手上有血！"

"岸英，这是妈妈用血给你写的《革命课本》下一课：为工农，干革命。上刀山，下火海。走向前，立头功。岸英，要记住，你要教给弟弟……"孙嫂听着，没法理解霞姑怎么这样坚强。

敌人第三次审问杨开慧，把所有大刑具都摆上了。

杨开慧一走进去，匪执法处长就吼叫："杨开慧你要死要活吧?!"杨开慧大声地说："要杀要砍，听便，你休想从我杨开慧口中得到一个字！"这次匪执法处长给杨开慧压杠子、往手指甲盖儿里插竹签子，整整折腾两个多小时，一直折腾到杨开慧昏死过去。杨开慧被拖回牢房后，岸英一下扑在妈妈身上痛哭起来，他见妈妈的身上衣服全被撕破了，上身和腿上都是鲜血，他疯了一样地把身上衣服脱下来，往妈妈的身上盖，大声哭叫道："谁打我妈妈，我长大要报仇哇！"他又昏倒在妈妈的身旁。孙嫂把身上破褂子脱下盖在岸英身上，又把稻草都盖在开慧身上。

杨开慧这次苏醒过来，用手抚摸着儿子，把自己脸上的血擦干净，然后把脸贴在儿子的脸上，轻声地呼唤着："岸英，岸英，妈妈回来了。"她的泪水再也止不住了。

岸英摸着妈妈身上的伤哭着说："妈妈，痛得厉害吗？"

"妈妈是共产党员，什么都能扛住。"她忍住剧痛对儿子说，"《革命课本》上再加上一句：懂仇恨，志更坚。忘仇恨，必叛变。"娘俩儿一遍遍地背着《革命课本》。

第五次审问杨开慧时，何键在门外督促着匪执法处长动用酷刑，还灌了辣椒水。匪执法处长恶狠狠地问道："杨开慧，何省长特别交代，只要你在湖南《民国日报》上发一个声明，与毛泽东脱离关系，你就可以得到自由！"

杨开慧两眼盯着门外说："何键，要从我口里得到你们满意的东西，妄想！"她以坚定的神态，拒绝回答任何问题。这次虽然动过重刑，可敌人一无所得。何键对匪执法处长说："不要再审了，朱德的堂客打了百遍，也未审出一句话来，这个毛泽东的堂客，审一千遍也没用。共匪把江西、福建都占领成根据地了，还能拖下去吗？"

杨开慧被拖回牢房，昏死了三天。她醒过来对哭干泪水的儿子说："岸英，我们这里的情况，你要记住，你将来要告诉爸爸。"她把儿子紧紧地搂在怀里。

岸英抓住妈妈的手说："妈妈，我记住了！我要告诉爸爸，我们一定要报仇！"他把头抵在妈妈的怀里哭出声来了。

杨开慧满意地把儿子的小手紧紧地握住，按在跳动的胸前。她对儿子说："岸英，你是妈妈的大孩子了，要听外婆的话，要把两个弟弟带好，记住妈妈用鲜血写给你的《革命课本》，妈妈就放心喽。"

杨开慧知道敌人要对她下手了，整个陆军监狱都笼罩在阴森的气氛里，几百匪兵荷枪实弹，把牢门围得密不透风。提签的匪军官大声念道："女犯，杨开慧，一名，立即执行！"正是牢房犯人吃早饭的时刻，这狼般的嚎叫，使犯人一下子像冻僵在地上一样。岸英扔下手里的饭碗，扑上前死死地抱住妈妈："妈妈，你不要去呀！妈妈你不要走呀！"孙嫂扔下手里的碗倒背身挡住岸英，双腿"扑通"一声跪下了，头顶着地皮说："开慧，你不能走啊！"

杨开慧把手中的饭碗放在地上，解开布包，套上妈妈亲手做的白褂子，穿上白底青布鞋，把岸英搂在胸前，说道："岸英，要记住！记住……"她非常镇静地走出牢房。

岸英被孙嫂抱住，他嗓子咳出血地喊："妈妈，你——不——能——走！"此刻整个牢房里，只有哭叫着"妈妈，妈妈，你不能走！"的声音。

杨开慧被匪军官推上囚车，因害怕她喊"打倒国民党"的口号，匪执法处长把带铁尖的"斩标"，插进杨开慧的后背。等杨开慧被押至浏阳门外识字岭刑场时，她已经被折磨得奄奄一息了。杨开慧挺直身躯，仰起脸，面对东方，仿佛看到在江西、福建地区的崇山峻岭间，横刀立马冲杀白匪的红军将士；仿佛有千言万语要向心爱的人毛泽东倾诉……她把双手捂在胸前，这是母亲怀念儿子的姿势。就在这时，罪恶的子弹从她的心脏穿过了！这年杨开慧才29岁！

杨开慧被打入牢狱后，地下党组织和杨开慧的家属，在南京、长沙等地进行了多次营救都没成功。

杨开慧牺牲后经地下党、杨开慧的亲属以及杨昌济的朋友等多方努力，岸英和孙嫂得以回到板仓。

盼望二叔

★★★★★

岸英从监狱回到板仓不久，何健果然露出了狰狞面目，他要斩草除根了。

为了躲避敌人，岸英藏在舅妈李崇德身边，岸青、岸龙分别藏在五舅和六舅家里。

后来，党组织决定把三个孩子转移到上海。要离开板仓的当天夜里，外婆跟三个孩子亲口交代：孩子们全都改姓杨了，岸英改叫杨永福，岸青改叫杨永寿，岸龙改叫杨永泰。经过板仓党组织的周密安排，向老太太和孩子的舅妈以及三个孩子，在火车、轮船上颠簸了几天，终于来到上海，住进一家私人旅馆。

这天岸英和岸青在桌子上练习写毛笔字，忽见舅妈抱着岸龙进屋来说："岸英、岸青，你们看是谁来了？"

岸英扔下手中笔，跳起身叫道："二叔！你可来了！"眼泪刷地一下子就流满了脸。他扑到毛泽民身上，双手抱住叔叔一时说不出话来。岸青也扑过去抱住二叔的腰，不知道该说啥好，岸龙在舅妈怀里大声号哭。二叔伸手把岸龙接过来往脖子上一放说："岸龙, 骑大马。"这一逗弄，岸龙笑了，他大声喊："二叔，我叫杨永泰。"大家又笑了一阵子。

毛泽民一边向向老太太和李崇德介绍他的夫人钱希均，一边用手帕给孩子们擦泪水，他说："我们这也算是小团圆。"

岸英虽然止住了哭声，但泪水还是止不住地流，半晌才说："二叔，我妈妈死了！要给妈妈报仇呀！"

毛泽民眉头皱成疙瘩说："岸英，你妈妈的牺牲，我们都很痛心！仇是要报的！"

岸英看着二叔这条钢铁汉子也泪流满面。

二婶一边给孩子揩脸上的泪水，一边说："要记住仇恨，仇是要报的！"

岸英镇静下来了，他的两眼哭红了，对二叔说：

"二叔，送我到爸爸那里去吧。"他站起身来，好像就要去找父亲。岸青也拉住二叔的手。

这时大街上传来鞭炮声，有钱人家在过十五元宵节。毛泽民现在化名叫杨杰，他的夫人化名叫张静，他们在上海担任党的重要职务。他对岸英说："岸英，你知道你们的爸爸在哪里吗？他带领红军打了很多次胜仗，解救了很多穷苦人，他带领穷苦人打天下，求解放，把土豪劣绅的土地分给穷苦的农民，这是多么了不起的大事。你们年纪还小哇！你们小叔见到你们的爸爸了，因为你们是革命后代，才捎信把你们接到上海来的，还要送你们去苏联念书。你们知道苏联这个国家吗？那里穷苦人说了算。"毛泽民说着摆了一下手，他的夫人从另一个屋里取出小蒲包，还有个长条纸盒，他站起身来对向老太太鞠了一躬说："伯母，非常感谢你老人家，还有孩子的舅妈，你们冒着生命危险，把岸英三兄弟带到上海来，我代表毛家和我哥哥，深深地表示谢意。今天是正月十五元宵节，我们毛家也算团圆了，我带些爆竹和元宵表示庆祝。"他领孩子们在楼下放爆竹，孩子们的小脸上带着泪花，带着欢笑。

几天后，二叔和二婶又来了，他们和外婆、舅妈商量一阵子，然后把岸英三兄弟安排住进了"上海大同幼稚园"。幼稚园在法国天主教堂旁边，是在全国互济总会领导下，地下党为帮助牺牲同志的孤儿办的，由天主教

△ （从右至左）毛岸英与弟弟毛岸青、毛岸龙在上海大同幼稚园

堂董健吾牧师管理。岸英三兄弟住进新的环境，刚离开外婆还有点儿孤独感，岸英主动把岸青、岸龙带到小伙伴中去玩耍。在园里岸英算大孩子，他做事和说话都像大人一样，老师教给孩子们认识的字，他主动帮助忘了的孩子复习，老师夸他的毛笔字写得好。他还帮孩子洗手帕，帮助老师给小孩洗脸揩鼻涕，有的孩子扔掉的手帕呀、袜子呀，他都捡回给洗干净。他说："我妈妈说过，浪费东西就不是好孩子。"他给岸龙缝补袜子和衣裤，开始不会用针，把手指头扎出血了。不久孩子们叫他永福大哥哥，老师叫他"小管家"，他还当上了班长。

岸英对大弟的生活学习都管得很严，每天除了园里老师教给的课程要学会，他还要求复习妈妈给编的《革命课本》。他经常对岸青说："咱们可要牢记爸爸和妈妈的话呀。要快点儿长能耐，快快地长身体，咱们要一起扛大枪当红军去。"开头岸青想妈妈有些孤单，他就要岸青多交小朋友，他说："爸爸说过，干革命可不是一

两个人的事，妈妈说过，一棵树不成林，许多树才是大森林。爸爸说干革命要有许多许多同志，等有一天爸爸见着你要问，你有多少好朋友？你就回答不上来了。"

岸英在园里学习操行都是第一名，他还拿出许多时间照顾小弟岸龙。他每天要帮助小弟复习认识的字，耐心地把着小弟的手教他写毛笔字。有一次老师晒尿褥子，他见褥子上写着"杨永泰"，感到很不好意思，向老师道歉说："对不起。"老师笑笑说："没关系，小孩子哪有不尿床的。"有一夜他悄悄地起床到岸龙床跟前时，听见岸龙在梦中边哭边叨咕："妈妈，我找你，我要妈妈……"把身上的被子都蹬掉了。岸英跪在弟弟的床前，把脸贴在弟弟的被子上哭了。他明白弟弟的心里一刻也没有放下思念妈妈呀。弟弟年小体弱，白天贪玩，夜里又思念妈妈，再做些噩梦，他就容易尿床呀。从此岸英和岸青时时注意照顾小弟，白天不让他玩儿得太累了，到睡觉前，岸英就去给小弟讲故事听，而且几乎每夜都去喊弟弟起床撒尿。看见弟弟白天水喝多了，岸英有时一夜去叫岸龙几次，一直到弟弟改掉了尿床的毛病。

岸英、岸青、岸龙三兄弟，在大同幼稚园老师教育下，成长得很快，老师称他们为"三阳开泰"。老师要孩子们都给亲人写封信，岸英写给二叔和二婶的信，几乎一口气写满 12 张毛边纸，受到全园老师称赞。信中写道：

我们在大同幼稚园，每天上课，老师很关心我们，教给我们很多新鲜事，以前听都没有听过，真有趣。我们三兄弟都很好，就是想念爸爸妈妈，想念叔叔婶婶和外婆舅妈……岸龙身体弱些，我和岸青都在学习生活方面帮助他，请放心。外婆要保重身体，等我长大了，我要接外婆来一起住，要多多地孝敬她老人家。二叔，我现在对革命有新认识了，那就是像爸爸妈妈和你们那样，将来为穷苦大众干革命，才是人生的目标……

经过校长安排，有一天，二叔和二婶带着外婆、舅妈又在法国公园见到了岸英三兄弟。二婶念了岸英写的信，她边念边流着泪说："岸英还不到10岁，信写得文字通畅，心像打开一扇窗子一样明亮。他懂得很多的道理，真难得。"

岸英三兄弟在大同幼稚园生活学习，刚刚稳定半年，有一天全园孩子们被校长叫到院子里开会。

校长看着眼前的孩子们，说："孩子们，昨天，9月18日夜里，日本帝国主义的军队，在中国东北发动了战争，把中国的土地给抢走了，屠杀了许多中国人！孩子们，你们要知道，要记住，要永远地记住！东北是中国的领土，中国人民绝对不容许屠杀！国土要收回！要永远记住'九·一八'这个日子！"

岸英想起妈妈教给他的"雪耻会宣言"歌，当晚就教给大孩子们唱，没过几天，孩子们都会唱这首雪耻歌了。有一天他独自一个人走出幼稚园，直到晚上还没有回来。岸龙哭着找哥哥，老师赶快出门去找，老师问岸青才知道，岸英画张图去大街认路去了。等把岸英找回来时，他说看见了打倒日本帝国主义的游行队伍，他就跟在后面走，结果走迷了路。没过两天，岸英和几个大孩子走出大同幼稚园，沿着顾正红被杀的路唱着雪耻歌，走了一程。岸英还编几句顺口溜："日本鬼，不得了，穿皮靴，拿大刀。抢东北，杀同胞，见小孩，也不饶……"他们在法租界转时，被法国巡警给抓住了，送回了园里，校长和老师抱住岸英和孩子们哭了，校长流着泪说："就凭我们的下一代人，中国也绝对亡不了！"

上海越来越乱了，大同幼稚园里也进来几个从东北逃难来的孩子。幼稚园处在风雨飘摇之中。有一天，本来很活泼健康的小弟岸龙忽然变得没有精神了。岸英摸摸他的脑袋滚烫滚烫的，就请幼稚园的老师给吃了几片药，可岸龙的病不见好，还是上吐下泻，一直没有退烧。岸英和岸青急红了眼，守在岸龙身边，不时喂几口水。岸龙小脸烧得通红，一点儿东西也吃不下。岸英哭着哀求老师一定要给小弟治好病，实在不行就送医院吧。

第三天，岸英在岸龙身边又熬了半夜。自己是怎么爬上床睡觉的都记不得。等他醒来时，天已大亮，可是发现小弟岸龙床上空空的，岸英马上叫醒还在沉睡的岸青，大声说："快起来，咱们小弟没了！"哥俩跑去问老师，老师说："你弟弟杨永泰因为病重，已经送到医院去了，放心吧，过几天就会回来。"

哥俩儿天天打听小弟的病情，老师就说好多了，岸英提出要去探望，老师说现在还不行。就这么拖着，半个月过去，小弟的病情如何哥俩儿还是一无所知。三十多年后，中央有关部门经过详细调查，确认毛岸龙因患细菌性痢疾，于1931年5月在上海广慈医院夭折。

九一八事变之后，上海成了五花八门的特务机关的聚集地。这时共产党中央机关也在上海。日本人对共产党的仇很大，叫嚣并鼓动在上海的各帝国主义国家首先要消灭共产党。

大同幼稚园也未能幸免于难，不久就被列入国民党和日本特务的监视网了。上海的地下党预感到形势危急，就提前展开抢救孩子的行动！周恩来曾亲自部署将撤出幼稚园的孩子妥善安排。

董健吾得知大同幼稚园解散的消息后，把岸英兄弟俩悄悄带进天主教堂，安置在一间密室里，不久又安排兄弟俩住在他家里。董健吾和夫人住在地下党联络点松柏斋古玩店。董健吾夫妇对待岸英兄弟俩很关心，安慰岸英说："住下来心里不要急，不久就会有家里人来接的。"岸英兄弟又平静下来了，其实外边搜查的风声仍然很紧。他们的吃穿费用均由上海党组织按时供给，暂时不用担心，只是怕出事。董健吾对他们管得很严，只要一走出屋，必须告知董健吾。岸英兄弟俩扮作董健吾家的孩子，由董健吾的岳母给照顾着。这一段时间岸英哥俩像关在笼子里的小鸟，每天不是希望二叔来接，就是盼着能再回到大同幼稚园那样的环境。不久以后，上海地下党的同志来看望兄弟俩，经过几次商量，认为上海白色恐怖越来越严重，董健吾家距离嵩山路法国巡捕房较近，应将兄弟俩转移到更安全的地方。

岸英兄弟俩又被董健吾安排到他的前妻黄慧光处生活。董健吾向他前妻介绍岸英兄弟俩时说："这是我朋友的孩子，暂时住在这里，以后我另有安排。关于他们的生活费，由我支付，不会亏待你的。"这时兄弟俩的生活费，地下党组织仍能按月供给。岸英兄弟俩来到黄家后什么活都干，洗衣服，扎纸花，洗碗，点煤炉，刷马桶……兄弟俩的衣服鞋子穿破了，岸英就动手缝补，有一点儿闲工夫岸英就跑到马路上去推黄包车，推出一段路程，挣上两个铜板，攒在一起买回一些纸和笔，教给岸青写字。过一段时间董健吾来到了黄家，跟黄慧光低声商量好一阵子后说："永福，黄家搬家你们也跟着一起走。"这天夜里黄家就搬走了，岸英兄弟俩看出黄家大娘是不愿意搬家的。

黄家搬家后，日子过得更加清苦。岸英每天的活干得更多了，推黄包车又累又费鞋，脚上的鞋子早穿得零碎了，他一次次找破皮子缝补。他和弟弟说："听爸爸说过，只要脚跟站得稳，脚指头露在外头也摔不了跟头。"

不久董健吾又出现在黄家，他和黄大娘没说上几句话，黄大娘就火了，她大声地说："穷搬家，把骨头棒子都折腾碎了，这次我不搬了。"但黄家在夜间又搬家到牯岭斯盛里。日子过得更苦了，兄弟俩身上可更换的衣服都已破烂不堪。冬天，岸英掏出自己棉衣里的棉花，加在岸青的裤子里，他冻得没办法就把捡回的破烂绑到裤腿里。到了夏天他穿上旧单衣，肩膀上搭条破手巾，但他总是念叨着：不怕苦，不怕汗水煮骨头，不怕，不怕……他还和岸青常常用湖南话背诵歌谣，其实他们背的是妈妈给他们留下的《革命课本》。从冬转到春，又从春季到了夏季，岸英连着几天听黄大娘对她大儿子说："董健吾叫日本鬼子给枪崩了咋的？他有两个多月没给送杨永福他们的生活费了。这个老东西说话还算数不？"董健吾不露面了，黄大娘又经常发脾气，兄弟俩动辄被数落一顿，日子更艰难了。岸英心事很重，有一天他从街头推黄包车回来后脸上带着笑容，深夜里悄悄地对岸青说："报上登载：上海二百多团体开会欢迎东北抗日将领马占山、苏炳文、李杜等将军。"岸青听着摇着头，小声地说："他们和爸爸是一伙的吗？"岸英说："他们是打日本鬼子的，爸爸他们也是打日本鬼子的，不知是不是一家。二叔也有可能回上海了。"他们一连几夜都没有睡好觉。这时的上海几乎完全控制在日本特务手中了，自从地下党中央机关转移到瑞金，上海地下党组织连遭敌特破坏。

有天夜里董健吾来了，他和黄大娘大吵起来。他离开之后，黄大娘的脾气更大了，动不动就给哥俩脸色看。开头岸英还能忍受住，还劝岸青不要跟黄大娘顶嘴。可后来，看到岸青整天叨咕要去找二叔，他知道岸青实在不想在黄家生活下去了。

➔ 流浪上海滩

★★★★★

他们头一天离开黄家后，就到马路上帮着推黄包车，岸青跟在哥哥身后帮着使劲儿，他们一直干到晚上，挣的钱还不够买一个烧饼。来到一个烧饼铺前，岸英把数过几遍的钱，紧紧攥在手里，对腰上系着围裙的老大爷不好意思地说："买个烧饼，可钱差点儿。"这时从里屋突然走出个龇着大黄牙的女人，鼻子哼一声说："你没长脑袋啊，钱不够还想吃烧饼。"那个满下巴黑胡茬子的老大爷，看见岸青饿得怪可怜的，说："欠下的钱记我账上。"于是挑了个烧饼递给岸青。岸青接过烧饼馋得直舔手指头，但他不吃，诚心地说："哥，咱俩一同吃。"岸英说不饿，可是哥哥不吃弟弟又不肯吃。后来岸英咬一小口，岸青才狼吞虎咽地把烧饼全吃下肚了。

黑胡茬子老大爷看他们太可怜了，心酸地问："没有家了？"岸英点点头。黑胡茬子老大爷伸手摸摸两个孩子说："你们能干零活不？"那个龇着大黄牙的女人发话说："黑胡子，你给我烧饼铺招兵买马呢，找两个吃闲饭的？"黑胡茬子老大爷说："老板娘，你这个烧饼铺，就找我一个伙计，把我分成俩人，也干不过来。"岸英一听赶忙地说："老板娘，我和弟弟打工，你店里的活我们干得了。你能给口饭吃就行。"大黄牙一看这个便宜可捡，于是说："只能供口饭呀。"就这样岸英、岸青两兄弟被雇进烧饼铺当小使唤人。

岸英兄弟俩的住处是在和面板的底下，就在那塞满破东西的黑暗潮湿的小小空间里睡觉，有一股难闻的气味，哥俩像球似的塞在里边，头一天睡到半夜，岸青"妈呀"一声哭叫起来。原来是岸青的脚指头被老鼠给咬了一口，鲜血直流。睡在面案上头的黑胡茬子老大爷心疼地骂："这日子不是人过的，老鼠都要吃人。"他忙着找出打烧饼的菜子油，给岸青抹伤口止疼。老大爷给岸英找块铜片子，告诉岸英听见老鼠动静就敲响铜片子。岸英每天在满天星斗没落时，就被大黄牙从面案子底下叫骂出来，同她一起去大街买菜买面，买回的东西都由岸英扛着，回到铺子岸英还要生煤炉子，刷大人用的马桶，倒孩子用的尿盆。岸青开头侍候大黄牙的儿子上学堂，没过两天，大黄牙又要岸青伺候她的小女儿。岸英问大黄牙说："我弟弟也没讲下给你伺候孩子？"大黄牙瞪圆眼睛骂："我凭啥养活白吃饭的人？养狗还能摇晃尾巴，不干就全滚蛋。"黑胡茬子老大爷生气地说："当时没有讲下小二给你家伺候孩子呀？"大黄牙跳脚吼道："老东西你吃里扒外，连你都给老娘一起滚蛋。"

岸英兄弟俩在烧饼铺里遭的罪太大了，但是岸英咬紧牙关，他在默默地等候着二叔回来，认定爸爸和红军一定能打胜仗，只要日本鬼子和反动派不走，红军一定会来上海解救百姓，解救他们哥俩。他的心头燃烧着这永不熄灭的希望。

有一天，他抽空去书摊上看连环画，书上有个字不认识，急得他在书摊前直打转转。卖书老板看他憋得很可怜，就扔给他一本小书说："看着生字，一翻它就认识了。"岸英赶忙拿过小书一看，书皮上写着《学生字典》，他脑袋里猛地想起妈妈也有这样一本《学生字典》，她经常查找不认识的生字。他一看书的定价是大洋八角，连忙把书放下了。但是他回到烧饼铺里，一时心中像着把火似的灼热。他总是翻身睡不着觉，岸青猜出哥哥准是心里窝住事了，小声地问道："哥，你又遇上啥窝心事了？"岸英过会儿说："我看见一本书，想起妈妈来了。"岸青问："啥书？"岸英说："查找生字的小书。"岸青说："是绿色皮的，妈妈总是压在枕头底下。"哥俩这一宿都是梦见妈妈，他们几乎没睡好觉。第二天早晨大黄牙和往常一样，像对待讨饭的花子，扔过几个铜板，她不准许小哥俩吃她家的烧饼，骂穷孩子没长吃烧饼的大牙。岸英这次拿到钱心猛地一动，转身买了一个粗面馒头。没过几天他挨饿的秘密被岸青发现了，他忍不住抓着哥哥的手说："哥，你每天扛菜，推煤球，刷马桶，被大黄牙折腾得双手不离活，为了买《学生字典》，你再少吃一顿饭，那身子骨就垮了。"岸英知道买字典的事被岸青猜中了，于是叹口气说："为了学习要买这本字典，不然有一天见到爸爸，咱们把字都忘光了，爸爸要生气呀！再说，也对不起妈妈呀！"一提起妈妈岸青眼睛湿润了，他握住哥哥的手说："哥，屋里活你别帮助我了，刷马桶的活归我干。"

这样一天天地往下熬日子，他们越发瘦得皮包骨了。黑胡茬子老大爷看出来了，他每天背着大黄牙给小哥俩烧饼吃，他说："大黄牙拿咱们当牛马用，咱们吃几个烧饼是在情理之中，完全应该的。"当黑胡茬子老大爷知道岸英省吃俭用是为了买字典时，他眼睛红了，说："我少喝几顿酒，也给你们搭上几个铜板。"就这样岸英把《学生字典》买到手了，他乐得把字典捂在胸前跑回烧饼铺。岸青哭着把字典贴在脸蛋儿上亲着。

岸英没有想到因为《学生字典》惹出乱子，大黄牙家的儿子小无赖有一天看见岸青拿着字典，大吵大嚷："穷小子，你偷我字典！"岸青火气地说："不要脸，这是我们花钱买的。"

这时大黄牙家的无赖男人回来了，大声叫道："好呀，你们反了，听你们这口气，你们准是小赤党。我要找人抓你们！"黑胡茬子老大爷气不过，他一脚把面缸给踢破了，大声地骂道："你们是狗仗人势，老子不在你们这狗地方干了。"他和大黄牙一家吵骂起来。

就在这当儿，岸英扯着岸青的手，摸摸《学生字典》还在怀里揣着，加快脚步离开了无赖烧饼铺。

这时已经是初冬了，白天串房檐还好过，挨到夜晚可就难熬了。岸英兄弟俩离开大黄牙烧饼铺，几乎走了大半宿，他们又冷又累，兄弟俩互相拉扯着，在一处高墙根底下，抱成团儿睡在潮湿的马路牙子上。由于人太累了，刚睡下感到很香甜，因为这里比面案子黑窝要宽敞得多，没有老鼠咬脚指头，更没有大黄牙天还没亮就用帚把敲屁股吼叫。

岸英兄弟俩有阵子苦得沿街讨饭吃，他和弟弟说："我们要找着活干，就有饭吃了，爸爸说过咱们是吃百家饭长大的。咱们串着街走，要留神听着看着些，没准能碰上二叔和小叔呢。"这样一说两人就兴奋起来。

岸英带着弟弟经过这一阵子在街头流浪，除了更加仇恨日本狗和国民党汉奸之外，眉宇之间也增添了一股刚毅之气。开头他带着弟弟串着房檐过夜，冬天把捡的破纸和草帘子盖在身上，冻得扛不住时，他和岸青就去找饭铺门口的火炉。饭铺在深夜里关了门，往往把门口的火炉的火封死，岸英和弟弟常常在封死的火炉子周围取暖。他们度过了漫长的冬天，挺到树发芽了，日子也就好过多了。转眼到了夏天，他们睡过水泥管子、地洞子。后来在大街上偶尔遇见和他们同在幼稚园住过的几个东北逃难的小嘎儿，小嘎儿们又把他们带到一座破庙里。从此岸英兄弟俩就和一群苦孩子住在破庙里，一年四季都是铺稻草、盖稻草，他和岸青夸这庙像皇宫一样。

他们住进了庙之后，好多苦孩子成了他们的好朋友。有的孩子感到活着没意思，岸英帮助这些孩子忍住苦难挣扎着勇敢地活下去。哥俩同孩子们一起去捡破烂，别的孩子捡破烂用的破布兜坏了，岸英就主动帮助缝补，装破烂的竹筐坏了，岸英就去找草绳捆绑。他还带领孩子们把捡来的破烂东西，在阳光下晒干了，然后分类，捆成包，这样就能多卖钱。岸英每天走出破庙就四处里找活儿干，他有时去推黄包车，有时跟岸青一起在马路上捡香烟屁股。捡香烟屁股剥烟丝也能卖钱，可是干这种活很累腰，有时捡到没有灭火的烟屁股还能烧伤手。岸英被烟屁股烧伤过几次后，就想出了一个新招儿：用马粪纸做的三角兜装烟屁股，用绑在小木棍上的小铁夹子去捡烟屁股，这样既烧不着手，又不用弯腰，速度也加快了。岸英要照顾好弟弟，还要保护自己。日本特务、国民党特务时刻都没忘记搜寻毛泽东的儿子，他还得多留心眼同这些豺狼做斗争。

住在破庙里的孩子们，都眨着惊奇的眼睛，看着岸英和岸青的一举一动。那些孩子慢慢地体会出做人的本分，找出做人的榜样。岸英住在破庙里，也没有忘记按妈妈的教导做人。就是饿着肚子，他也要把剩下的半个馒头留给弟弟吃，弟弟不忍吃，他总是说："我还没有饿过劲儿呢，我能挺住。"他摇着头，脸上总是带着微笑。岸青感动得掉下眼泪说："哥，我啥时能像你一样扛住饿呢？"梅雨季节里，岸英、岸青挣不到钱，买不起吃的，岸英就想着法给岸青弄点糊口的饭，他自己饿急了就啃几口有霉味的馒头，还不时伸出舌头说："看看，我的舌头有灵气，吃啥都没怪味儿。"住在破庙里的小朋友都爱听岸英的话，说他从来对谁都没有坏心眼儿。有次另外一群孩子来争夺破庙，孩子们认为是抢夺地盘，准备好刀子要火拼一场。这时有个孩子偷着告诉岸英，要他带着弟弟赶快逃跑。因为他是大孩子，来打架的孩子常常是先对大孩子下毒手。但他没有害怕，他先分头找爱打架的孩子，劝他们和他一起搬出破庙。有的孩子说他骨头软，他问孩子们活着为了啥。有的孩子说，为了找爸爸和妈妈；有的孩子说，为了长大能干活，吃饱饭，住暖房子。他说："要是打架受了伤，打架被打死，那不所有的希望都没有了吗？"孩子们问："杨永福，你说该怎么办？"他镇静地说："依我说咱们都搬出庙去。"有人说他是小汉奸。他说："汉奸是卖国贼，我不是出卖咱们的破庙，我是为了保住庙，和来斗架的孩子斗法，就像孙大圣那样斗法。咱们都搬出去，看他们没有打成架怎么办。他们还敢放火烧庙？"这次孩子们没发生火拼，来打架的孩子看破庙搬空了，猜不出对方摆出的是啥招子，是不是这庙里有鬼？有瘟病？谁也不敢在庙里住？过了两天，岸英带着弟弟先回庙了。来打架的孩子以为他们还没走，就问："喂，你俩为啥不搬走呢？不怕被打死吗？"岸英摸着岸青的头顶说："这是我的弟弟，搬出去两天他就冻着了。咱们不是日本鬼子的狗，咱们都是第十九路军，都是打鬼子的。如果你们没地方住，就搬过来一起住好吗？"来打架的孩子无话可说了……

　　岸英对红军的消息、东北义勇军抗日的消息，非常注意，他知道爸爸、二叔和小叔都在红军里，如果义勇军把日本鬼子打败了，上海的日本鬼子也就滚蛋了。他常从报童的喊叫声中得知一些消息，他觉得卖报纸的差事不错。可做报童首先得有人作保，他只好又去找黑胡茬子老大爷为他担保，获准后到报馆拿来了报纸。开头他还不明白卖报有很多的说道，闲散人多的地方，如戏院、码头、火车站、电影院，买报的人多，可那里都有"报霸"，到那里去卖报，你得给报霸打进贡，不然报霸招呼一群小瘪三，就把你的报抢光了。岸英第一次去火车站卖报纸，就吃了报霸的亏，报霸不仅撕碎了他的报纸，还对他拳打脚踢。回到破庙里，他没有跟弟弟说实情，岸青问他脸上手上的伤痕是怎么回事，他忍着疼痛说是推车太重摔的。还算好，他买回两张饼，说："今天我多挣几个铜板。"凡是岸英要干的事，哪怕有天大困难他也要干成功。首先他弄明白了卖报划分区域，英租界不能到法租界去卖，挣钱多的地方生手不要去卖。岸英不久就摸出自己的一套卖报方法，把报拿到手就要放开脚步跑，边跑边喊报上的主要消息，但只能喊出一半儿，你要全喊出去，让人全听明白了就没有人买了。每次把报纸拿到手里，他都是边喊着边看，还经常把岸青带在身边。有《学生字典》帮忙，他读报能找着重要消息，还能多认识生字。报里有红军的消息，他都要认真阅读，他已经明白读者的心理，国民党说红军败了，那准是红军胜利了。

岸英是个有头脑的孩子。凭直觉，特务们对大同幼稚园的孩子还在搜查，可想而知对毛泽东的儿子更是不会放过的。岸英就像对待恶狼一样，时刻注视着特务的脚印，躲开特务的狗鼻子。从打报纸上出现共产党在瑞金成立苏维埃政府的消息，国民党和日本人更是一个鼻孔出气，不停地大骂共产党就要灭亡了！这时国民党特务就专门大抓卖报的小报贩。岸英在国民党的报纸中间夹上同情共产党言论的报纸，叫卖的是国民党的皮，共产党的瓤。这卖报纸的招术等国民党特务明白过来，岸英早就躲开了。日本特务在穷人中抓共产党，他们对学生是不敢轻易下手抓的，岸英专门把报纸送到大学院内去，他对岸青说："卖报不光用腿，要会用心盘算，特务眼光短，我们要腿脚长。"有次哥俩被日本特务盯上了，眼看就要落入魔掌时，他带弟弟跑到工人群里去，哥俩含泪大喊着："大叔们，日本人要抓我们去喂洋狗呀！"这么一招呼老百姓火气大了，大家齐声喊起来："你们日本人要把中国人赶尽杀绝呀！连个穷孩子都要抓去喂洋狗？"有的工人拿起木棒要和日本特务拼，日本人见工人越聚越多，吓得夹着尾巴逃跑了。岸英兄弟俩安全地跑回破庙。

梅雨时节的一天，岸英和岸青在卖报纸时又被国民党特务盯上了，哥俩被追赶到一间破房子里。岸英先把岸青从破窗户眼塞出去，他自己则爬上破房梁顶上，点燃怀里的报纸，顿时连烟带火从破房子往外冒，堵在门口的特务一时不知道孩子的去向了。岸英虽然从房里逃了出来，用金蝉脱壳计调开了特务，但是因为他被烟熏得过于严重连着几天两眼流泪，吃不下东西。

不知不觉中又到了妈妈的忌日。岸英和岸青买了香蜡纸张，来到黄浦江边，面向湖南方向叩拜。想到弟弟岸龙不知死活，也不知下落，岸英和岸青哭了好一阵子，他们久久地跪着。岸英哭诉着说："妈妈，我好难过，我对不起您老人家，我没尽到哥哥的责任，我没带好岸龙弟弟……"岸青实在跪不住了，就站起身对岸英说："哥，起来吧，我们还得去卖报纸呢。"他们离开的时候向妈妈发誓：一定要找到爸爸，扛枪去当红军，为穷苦人打天下。

有天岸英和岸青去批报纸，忽听那个报霸大声地喊叫："今天报贱卖！毛泽东胞弟毛泽覃已毙！"岸英伸手扯住弟弟的手转身急着走开了。他们在另一处报摊买张报纸，边走边看："军息：伪中央区所属之伪师长毛泽覃（系毛泽东胞弟）前因我军积极搜剿，乃率领残部，藏匿瑞金东之黄鳝口东北大山中，本月二十六日经我毛炳文部二十四师汤团，往该处捕搜，该匪顽抗拒捕，遂为我击毙……"他们憋口大气跑到黄浦江边，两人都双手抱头半晌无语，泪水顺手指缝往下滴着。小叔是个非常喜欢他们的人，是个对敌人恨得红眼的红军战士，小叔是为穷苦人牺牲的，他的生命会像这滔滔的江水一样永远不息！

岸青回到破庙里就病倒了，他成天成宿叨咕着："妈妈，爸爸，小叔，弟弟……"大牙咬得嘎巴响。岸英虽然身体和心情都不好，但是为了活下去，仍然每天出外干活挣糊口钱，除此之外他非常注意红军长征的消息。好像那红军的火炬越烧越亮，越烧越多，很快就会烧到他身边。有天他从药房给岸青买药回来，突然发现有人吓得猛跑，说是法国三道头快把一个中国孩子给打死了！岸英腋下夹着一捆报纸，迎着跑过去一看，被打的人竟是岸青，他把报纸扔在地上，大声地喊着："外国人，打死中国孩子喽！"他飞身扑过去，从法国佬大皮靴下抢救岸青。这时岸青嘴里还在叫着："打倒帝国主义！

打倒……"原来这天岸青从破庙里出来时,衣袋里揣着半截学习用的粉笔,他没走多远,正好碰上法租界巡警抓走一个用铁丝捆绑着的中国人,见中国人被打得浑身是血,他脑袋顶上一股火气蹿上来,从怀里摸出粉笔,在电线杆上挥手写下"打倒帝国主义!"还没有等他回过身来,就重重地被大皮靴给踢了个跟头。等岸英赶到近前时,这个法国佬越打越来劲儿,看样子连岸英也要挨打。下班经过这里的工人纷纷围上来,上前制止说:"你凭什么打中国人?"那个法国佬指着电线杆上写的"打倒帝国主义!"工人大声地问道:"你是不是帝国主义?"大家这么一逼,吓得法国佬赶快跑开了。岸青此刻被打得鼻孔、嘴角都流着血,已经昏死过去了。

岸英把弟弟背进破庙,孩子们看见岸青都吓哭了,有的孩子帮助往岸青身下垫稻草,有的孩子端来给岸青喝的水。岸英寸步不离地守着弟弟,见他苏醒过来忙在弟弟的耳边说:"好弟弟,你要说话呀,不然会把心憋闷坏了的。"他的泪水滴在弟弟的面颊上。半晌岸青抽搐着说:"我要找爸爸呀。"岸英揩着脸上泪水说:"咱们一定会找着爸爸。你听话,我去给你买药。"这是多么大的灾难呀,岸青一下子就病倒了,大脑被打得留下了病根,脑袋像灌了铅一样昏昏沉沉的,耳朵的听力也受到了伤害。他很少说话了,整天用破笔在纸上写:妈妈,爸爸,红军……有一天岸英到大学院里去卖报,回来后,他悄悄地告诉弟弟:"我听学生们说,红军长征快要到陕北了!咱们要到陕北找爸爸去。"他们盼望红军长征取得最后的胜利,那时,中国革命就有了转机,老百姓的日子就有盼头了。

在苏联的日子

➜ 远行苏联

★★★★★

随着上海局势的变化，董健吾又恢复了牧师职务，穿上了带有几分尊严的黑色长袍子。这天他从法国人嘴里听到毛泽东率领中国工农红军到达陕北的消息。他抓住夫人的手说："我想毛泽东的儿子还在上海，我们要赶快地行动，设法找到他们。"

董健吾化装成卖报纸的老人，在上海批发报纸的地方发现了毛岸英。他尾随着跟到岸英居住的破庙。他没有立即接近毛岸英，而是等地下党来与他联系。

终于有一天，上海的地下党员根据潘汉年的指示寻找毛泽东儿子的下落，来到了古玩店。董健吾来到破庙，与毛岸英接上了关系。

董健吾走后，岸英和岸青一夜没有睡好觉。岸青问岸英说："董牧师这么多年与我们没有联系，他还可靠吗？"岸英说："这一阵子上海这么乱，董健吾能找着咱们的下落，而没有去告密，说明他还有良心。他来告诉咱们二叔捎信来了，说明地下党组织对董健吾还信任。"岸英还是去了古玩店。地下党同志见到岸英时，感到孩子太委屈、太可怜了，但是看到岸英气质不凡，有毛泽东那种刚毅和聪明过

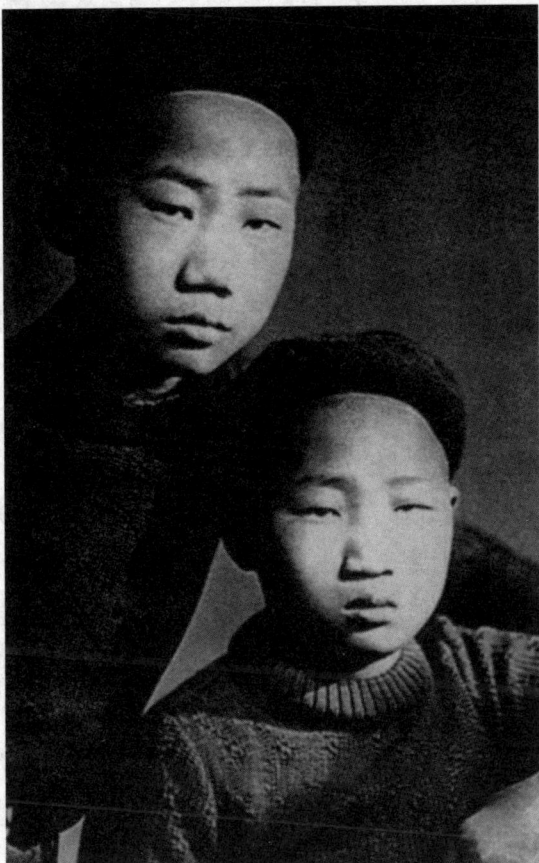

△ 毛岸英（站立者）与毛岸青在苏联国际儿童院

人的品格，也深感欣慰。地下党同志交给岸英从陕北带来的信，信上边只写着二叔的名字，岸英禁不住流下了眼泪。岸英见"杨杰"下边多点了一个点，不由想起二叔跟他说过的话："干地下党工作，就得多个心眼儿。"

岸英和岸青听从地下党同志的安排，住进董健吾的家里，洗澡、理发，从里到外换上了新衣服。他们在等着那位从陕北来的王叔叔，地下党同志已经告诉他们，这位王叔叔是化名，他是大名鼎鼎的义勇军李杜司令，他是途经上海赴西欧考察军事的。目前红军在陕北和奉军的关系很亲密，正好中共中央跟苏联联系好了，就委托李将军将毛泽东的三个儿子带到法国之后转去苏联学习。

李杜将军在南京找到了上海地下党同志，地下党同志表示了对李杜将军的感谢，并陪李将军到了上海。李杜将军先到董牧师家见了岸英和岸青。因为出国护照写的是三个孩子，董牧师灵机一动，让自己的大儿子顶替了岸龙。

李杜将军精神抖擞地带领三个孩子，乘坐法国邮船"康脱罗索"号来到法国，把孩子领进了巴黎苏联驻法国大使馆。

岸英兄弟被安排住在使馆的家属区内，毛岸英在船上跟李杜将军学习过英语，在这里岸英又开始学法语，因为打扫大使馆院子的工人是法国人，他每天除了写字不能闲待着，就主动去帮助工人开水龙头，抬水桶，他要求那些工人教给他法国话。人家先教"吃饭"、"喝水"、"吃面包"。不久他可以跟法国人对说些生活用语了。大使馆内官员开头看两个孩子太土了，不久见岸英找来有关写拿破仑的图画书看，他们有些惊奇，才觉得中国孩子毅力惊人，对岸英他们越发有好感，对他们提出的要求也尽力满足。

不久，大使馆官员通知岸英兄弟，经苏联政府批准，中共驻共产国际代表康生来接他们去莫斯科。

岸英、岸青住进了位于莫斯科市郊的莫尼诺第二国际儿童院。这里住的都是中国革命家的后代，孩子的父母多半在中国革命战争中牺牲。

从此岸英和岸青住在不再愁吃穿的安乐窝里了。岸英每天除了抓紧时间学习，还要带岸青治病。他最迫切的愿望就是努力学习。他发现法语、英语都和俄语有相通之处，几乎废寝忘食地学习起来。他积极参加文体活动，帮助有困难的孩子，孩子们选毛岸英为少先队大队长。

他的俄语名字叫谢廖沙。

有一天，岸英从院外参加活动回来，院领导对他喊道："谢廖沙，有人找你呀。"院长随即对一位女同志介绍说："这是哥哥岸英，他是个好学上进的好学生;弟弟叫岸青,现在学音乐去了。"岸英立刻说:"我弟弟也是好学生。"院领导又介绍说:"岸英,她是你们的妈妈贺子珍,刚从中国来,在莫斯科东方大学学习。"岸英凝视着贺子珍,她有三十多岁,脸上带着自豪的微笑。他的反应很快,知道她是父亲的夫人后,眉头立刻就皱成两个疙瘩,想起了妈妈杨开慧。

贺子珍妈妈紧走几步伸手去拉岸英,并满脸笑容地说:"你爸爸可想念你们哪。弟弟岸青好吗?"她问得很亲切。

岸英心里感到一阵发热,眼睛也有些湿润了,因为她提起爸爸来了。他也不由得往近前凑几步说:"请到我的宿舍吧。"他走在前边带路。

贺妈妈懂得孩子这时的心情,他会自然地想起牺牲的妈妈来,于是她主动地拉住岸英的手,亲切地说:"我到了莫斯科,赶快地安排好,转身就来看望你们。我看这里环境挺好,生活也很好吧?"她用另一只手抚摸着岸英的头。

岸英盼望着母爱呀。贺妈妈拉着他的手,他觉得这份母爱来得太突然了。他边走边问:"我爸爸身体好吧?他一定是很忙很忙的吧?"

贺妈妈知道岸英是个受了很多苦的孩子,看出他既懂事理,又重感情,于是深情地回答说:"你爸爸身体很好,工作是很忙很忙的。他非常地惦念着你们兄弟俩。"贺妈妈拉住岸英的手不放开,两人同时进了屋。

岸英首先感到屋子里很乱,不好意思地小声说:"太脏了。"

贺妈妈扑哧一笑说:"可以呀,男孩子的宿舍就是这个模样呀。"她看出岸英要打扫的那张床准是弟弟的,于是她坐在床上用手摸着被褥说："太阳充足时，要晒晒被褥。"

"哥，又是哪位贵宾来了？"岸青脖子上套着吉他闯进屋来，他正好看见贺妈妈在摸他的床。

贺妈妈笑着说："岸青你还会这么一手？"说着站起身来拉住岸青的手，又看了看他套在脖子上的吉他。

岸英立刻说："岸青，这是贺妈妈。"在这种情况下，他只有这么介绍了。

岸青忙施个礼说："贺妈妈，你好！"岸青以为是哪位老红军夫人，又看望他们来了呢。

岸青这一声"贺妈妈"，叫得贺子珍热泪流下来了。她立刻很自然地应了一声"哎！"双手抱住岸青的肩膀。

岸英眼睛也湿润了，转身去倒杯茶水，递给贺子珍，叫了声："贺妈妈，喝茶。"

贺妈妈把哥俩没有洗的脏衣服、脏袜子都给洗干净了。她不住地揩汗水，心里感到很满足，两个孩子到底管她叫贺妈妈了。她看活都干完了，才想起家里的孩子还请别人看着呢，于是说："岸英、岸青，我住的那里还有个小宝宝，是你们的弟弟，我把地址留给你们，要经常去呀。"

岸英和岸青送走了贺妈妈，岸青往床上一滚问道："哥，这位贺妈妈是哪位红军干部的夫人？"

岸英这才说："是毛泽东的夫人。"

两个人谁也不吱声了，但是两个人谁也没有感到意外，只是感到他们的继母看着很和蔼。贺妈妈说家里还有个宝宝，他们就想到贺妈妈是专门来苏联生小弟弟的，心里又很高兴。

从此以后这位贺妈妈隔三岔五地到岸英他们这里来，每次来都带点吃的东西，拆洗被子，洗衣服，把母亲该做的活都做了。但是哥俩仍然叫她贺妈妈。她还在努力接近孩子的内心世界。贺子珍在苦学俄语，感到学得很吃力，岸英和岸青答应去帮助他们的贺妈妈。他们来到贺妈妈的住处，那里虽然叫东方大学，但条件很差，贺子珍对岸英岸青的到来难免热情款

△ 在苏联第一国际儿童院时，毛岸英（后排左一）与同学合影

待一番。

有一天，为了给小朋友们讲红军长征的故事，岸英到莫斯科红军长征干部休养所去采访，一位经过长征的阿姨说："岸英，你怎么舍近求远不去找你贺子珍妈妈呢？她可是个出奇的人物，年纪很小就追求进步投身革命了，是一位很了不起的红军女战士。她作战十分勇敢，在红军四渡赤水时，遭到敌人飞机连续轰炸，她当时临危不惧，拔出匣枪，组织连队强行渡河，连连击退敌人追兵，掩护部队撤退。后来几架敌机俯冲扫射，她为了抢救当时身负重伤的师政委，用自己的身子遮挡住爆炸的弹片。当毛泽东赶来看望她时，她坚强地说：'润之，你把我送到老乡家吧，你赶快走！'毛泽东看她伤得太重了，流下泪说：'子珍，我要把你带走！'就这样毛泽东把浑身

上下有 17 块弹片的她带走了。她顽强地活下来了，至今弹片还在身上。"

岸英感到有些吃惊，没有想到贺妈妈身上至今还带有弹片，原来贺子珍妈妈和杨开慧妈妈一样光彩照人。

他含着眼泪再次来到贺妈妈的住处。

"贺妈妈，你是红军女英雄！"岸英肃然起敬地说。

贺妈妈明白了岸英的意图，她说："岸英，当红军第五次反'围剿'后，只有被迫撤离苏区，开始两万五千里长征，中央批准随队出发的有 30 名红军女战士，哪一位是软骨头？都是出生入死好样的。"她眨着秀美的眼睛看着岸英。

"贺妈妈，你身上的弹片为啥不全取出来呢？"他说着心里发酸。

贺妈妈嫣然笑着说："苏联医生说有的弹片挨着血管取不出来。那就让它和我一起进棺材吧。"

又隔不久，岸英和岸青去看贺妈妈和小弟弟。他们来到东方大学宿舍，敲了半天门里边没有一点声音。推开门一看，见贺妈妈躺在床上，正处在昏迷不醒中，他们这才连声大叫。贺妈妈醒过来了，看是岸英哥俩来了，哭出声来："我的儿子没了！"原来她为了学习，把孩子送到婴儿室请人看管，10 个月的婴儿适应不了寒冷的气候，由感冒烧成肺炎，加之治疗不及时，离开了妈妈。他们来到时，她刚万分悲痛地从郊外公墓回来。

哥俩同时扑向贺妈妈，大声地叫道："妈妈，妈妈！"贺子珍抱住岸英、岸青哭得死去活来，这个还没有见着父亲的儿子，对身处异国他乡的她来说多么重要。

岸英带着泪说："妈妈！我和岸青都是你的儿子呀！"

半晌，贺妈妈忍住悲痛说："我大意了，天气冷，屋子冻，我没有照顾好，事情发生了，也没法挽救了！现在，我心里惦念着你们，要注意身体呀。"说完又大哭一场，如果此刻感到心里有几分安慰，那就是眼前这两个孩子，终于叫她妈妈了。

岸英和岸青从打小弟弟没了，和贺妈妈更加亲近。他们见贺妈妈学习

△ 苏联国际儿童院的孩子们的合影照（中间者为毛岸英）

的劲头儿差了，精神头儿老也振作不起来，知道她太想孩子了。后来岸英、岸青和贺妈妈商量，往延安发了电报，请人把贺妈妈的女儿毛娇娇火速送来，这样会给失去儿子的贺妈妈带来些安慰。

这期间，岸英他们所在的第二国际儿童院，要和第一国际儿童院合并，搬到不属于莫斯科州管辖的地方，接近西伯利亚，要坐很长一段火车。搬迁的主要原因是为了躲避德国法西斯的炮弹，这时的战火已经快要烧到苏联了。中国孩子在这次大搬迁中推举岸英当指挥员，他也非常愿意担当这个职务。

在第二国际儿童院搬迁到伊万诺沃市的第二年，岸英、岸青接到了爸爸来的长信：

△ 1940年1月，周恩来、邓颖超在苏联与毛岸英（右一）、毛岸青合影

岸英、岸清(青)二儿：

　　很早以前，接到岸英的长信，岸清（青）的信，岸英寄来的照片本，单张相片，并且是几次的信与照片，我都未复，很对你们不起，知你们悬念。

　　你们长进了，很喜欢的。岸英文理通顺，字也写得不坏，有进取的志气，是很好的。唯有一事向你们建议，趁着年纪尚轻，多向自然科学学习，少谈些政治。政治是要谈的，但目前以潜心多习自然科学为宜，社会科学辅之。将来可倒置过来，以社会科学为主，自然科学为辅。总之注意科学，只有科学是真学问，将来用处无穷。人家恭维你抬举你，这有一样好处，就是鼓励你上进；但有一样坏处，就是易长自满之气，得意忘形，有不知脚踏实地、实事求是的危险。你们有你们的前程，或好或坏，决定于你们自己及你们的直接环境，我不想来干涉你们。我的意见，只当作建议，由你们自己考虑决定。总之我喜欢你们，望你们更好。

岸英要我写诗，我一点诗兴也没有，因此写不出。关于寄书，前年我托西安林伯渠老同志寄了一大堆给你们少年集团，听说没有收到，真可惜。现再酌拣一点寄上，大批的待后。

我的身体今年差些，自己不满意自己：读书也少，因为颇忙。你们情形如何？甚以为念。

毛泽东

一九四一年一月三十一日

岸英、岸青收到信后，高兴得到处和儿童院孩子说："我爸爸来信了，寄来一大批书。"还将父亲的特地注明念给小朋友："这些书赠岸英、岸青，并与各小朋友共之……"毛泽东选定这些书，是充分考虑到了少年的读书口味，既有知识性，又有趣味性，既有哲学、经济、历史方面的书，也有古典小说、武侠传记。就在这时苏联对德国希特勒横扫欧洲的闪电式军事行动，采取了相应的措施，在漫长的疆界严密布防。为了供应前线搭架堑壕所需要的大量木材，国际儿童院的师生到伊万诺沃城外数十公里处的山上伐树。岸英已经是一名共青团员了，参加伐木的中国孩子由他负责指挥。

完成伐木任务后，管理人员夸岸英他们超额完成了任务，给他们儿童院分的烧柴也多。总结大会上，领导授予谢廖沙"优秀共青团员"称号。

岸英到女宿舍看望妈妈和小妹娇娇。在拉开宿舍门时愣住了，屋里冷得冻手指头。里边住了几个女孩子，其中有娇娇。娇娇一见他就满面泪水跑过来，抱住他哭着叫道："哥哥，我要妈妈，我好冷呀。"他抱住妹妹问道：

△ 毛岸英（后排左二）在苏联积极参加各种社会活动，曾担任团支部书记和共青团的区委委员

"娇娇，妈妈呢？"边问边用手掌揩着妹妹脸上的泪水。身体很弱的娇娇说不明白。

管宿舍的女同志告诉岸英，娇娇患了急性脑膜炎，医生说没有希望了，就把娇娇送到了太平间。妈妈立即发疯似的把女儿从太平间里抱回来，日夜守着。她把屋里的破家具砍来烧了，屋里有了热气，总算听见昏迷几天的娇娇睁开眼睛叫了一声："妈妈呀！"娘俩抱头痛哭一场。

这时女院长赶来了，对贺妈妈吼叫："谁给你的权利把孩子抱回来？"看样子要往下夺孩子。贺妈妈哑着嗓音说："妈妈的权利！我的孩子还活着呢！你太残忍了！"女院长喊："你反了，把家具都砍烧了！""我会赔你，我问你，室内零下 40 度，一个患病的孩子怎么能受得了?!""我看你疯了！"女院长嚎叫着走了。不大一会儿开来一辆救护车，几个大汉把贺妈妈强架上车拉走了。后来管宿舍的同志照顾着娇娇，同时又搬进来几个女孩子。

岸英听罢抽身回到自己的宿舍，扛来两大捆劈柴，并动手点燃了炉火。女院长得到消息赶来了，大声对岸英说："谢廖沙，你刚成为共青团书记呀，谁给你这么大的权利，敢把屋子烧这么暖？"

岸英气还没有消呢，也不客气地说："院长同志，你有调查研究吗？这是我的宿舍分得的烧柴，我来给一个得病的小女孩把屋子烧暖了，有啥错误？院长同志！"

"你不是仰仗着毛泽东吗？"

"我完全没有仰仗谁，我是国际儿童院的成员，这里讲国际主义，这里讲真理。院长同志，不是吗？"当他见女院长转身要走时，他愤怒地上前拦住说："院长同志，我请问你，你把我的母亲送哪里去了？院长同志，你必须回答我。"这时女院长被赶来的其他同志劝走了。岸英后来知道贺妈妈被送到精神病院，因为经过这阵子折腾，她的精神不太好，要经过一段时间治疗。

→ 英雄的坦克兵

★★★★★

　　1941 年 6 月 22 日，希特勒背信弃义，发动了苏德战争。岸英在读九年级，快 20 岁了，他的心里的确压着东西，他对娜佳老师说："我想学军事，父亲希望我学自然科学，但我还没有接到父亲的命令。"

　　"现在有军人的口气了，说话讲命令了嘛。军事确实很重要，你是想上军校吗？"

　　"我要学军事，以后有机会再学技术。"岸英两眼透出渴盼的神情，"我是想上战场。"

　　娜佳老师把话题拉开些说："谢廖沙，我是很理解你的，参加红军你不够条件，因为你还没有加入苏联国籍；再说你的祖国也在抵抗日本帝国主义的侵略，你又没有接到你父亲让你回国的命令，你还是安下心来读书为好。"

　　"老师，我回中国是无疑的，只是根据目前战事的发展，想要为国际主义尽义务。"

　　岸英已经升入市内中学十年级，他没法把心从卫国战争和中国战场拉回来，全身心地投入了军事学习。他从报上看到德国侵略者杀害苏联和欧洲人民的许多消息，心情十分沉痛，他再也按捺不住了，决心要求上前线。

他和弟弟商量时，岸青说："你既然要走这条路，为啥不直接去莫斯科请战？"他高兴地拥抱着弟弟说："岸青，谢谢你，照办。"恰巧，这时苏联共产党驻共产国际的代表曼努意尔斯基，来到伊万诺沃视察。1938年岸英和弟弟在莫斯科共产国际中国代表团宿舍和他见过面，他这次直接找到将军的宿舍，对警卫说是中国代表团的，警卫知道将军在这里有许多中国朋友，于是放他进去了。岸英大声地报告道："将军同志，谢廖沙求见！"他推门进去敬个军礼，身体笔直地站在将军面前。

曼努意尔斯基此时还担任苏军政治部副主任，他正在写字，他放下手中的笔，看着站在面前的中国青年人，慈祥地问道："青年人，找我有事吗？"

"报告将军，我认识您，是在共产国际中国代表团驻地宿舍。我是中国青年叫谢廖沙。"

△ 1942年6月，毛岸英进入苏联苏雅士官学校学习。这是他（左一）与同学们的合影

"中国的谢廖沙，找我老头儿有什么事？"将军微笑地看着岸英。

"报告将军，我要参加红军去打仗，我已经20岁了。"

"中国的谢廖沙，你入苏联国籍了吗？上战场轮不到你呢。"

"反法西斯人人有份，我是个中国革命者的后代，我有义务履行无产阶级国际主义！"

"你是中国哪位革命者的后代？"

"我叫毛岸英，我是毛泽东的儿子。"

"毛泽东的儿子，看出你是个了不起的青年。上前线要经过军事训练呀。"

"将军同志，上军校要训练很长时间吧？"

"小伙子，你别着急呀，打仗机会多得很。"

"将军同志，日军偷袭了美国珍珠港，我想全世界战争形势将会有大的转机，德军攻进了苏联就是陷入了人民战争的汪洋大海之中了。"

"小伙子，德国飞机每天都飞临莫斯科上空空袭啊。"

"飞机翅膀到了莫斯科，可是德国的陆军，不等爬到莫斯科就完蛋了。"

"不愧是毛泽东的儿子，你对第二次世界大战的发展趋势很有预见性。你关心政治，关心战争，这很好，我批准你到苏雅士官学校快速班学习。"

岸英立刻就到苏雅士官学校报到了，他在苏联的中国青年中率先入了军校。由于他的苦学和钻研，军事课程会考一等，最为突出的是政治，他连续发表几篇政治论文都受到学校表扬，他写的《作战中基层的政治工作》受到红军总政治部的通报表扬。1943年1月他被保送进入莫斯科列宁军政学校学习，毕业后授予中尉军衔。他要当政治军官，必须是联共(布)党员。在这所学校里没有对他十分了解的人，于是他去找娜佳老师，老师很诚恳地对他说："谢廖沙，你没有加入苏联国籍，学校的党组织能吸收你吗？我看你还是先同曼努意尔斯基将军通个信，我会当你的介绍人的。"娜佳老师得知曼努意尔斯基将军默许了岸英的这一请求之后，她很快地就成了毛岸英的入党介绍人。由她作的入党鉴定是："政治觉悟高，学习好，劳动好，革命精神饱满，树立了为共产主义奋斗终生的志向，可以入党。"毛岸英21岁那年，

▷ 参加苏联红军的毛岸英

光荣地成为联共（布）党员。岸英在列宁军政学校学业优秀，结业后转入伏龙芝军事学院，这是苏联红军培养高级参谋人员的最高学府。他在这里攻读了两年，接受了莫斯科最高统帅斯大林的检阅。这时斯大林格勒大会战告捷，歼灭德国侵略军 30 万，成为第二次世界大战的转折点，苏军开始了大反攻。岸英经再次要求，终于获准参战，加入了白俄罗斯第二战线，他在坦克部队连队担任指导员。

岸英随着坦克部队出征前，赶忙到小妹娇娇那里，对娇娇说："我来不及去看岸青了，你们还要好好学习，要练习毛笔字，按妈妈留下的《革命课本》写，我这次给你留的作业是：为祖国，为国际。为人类，为正义。"他紧紧地拥抱小妹说："我一定会胜利回来！"他大踏步地走了。

当毛岸英所在的坦克部队，从白俄罗斯向波兰进攻时，他始终与战士和坦克共存亡。在和德军坦克的激战中，他几次从翻倒的坦克炮塔里爬出来，又钻进另一辆坦克里继续战斗。苏联红军战士们称他为扁鼻子指导员（说他本来是高鼻子，被坦克的炮塔给磨扁了）。战士说他是苦大仇深爱心无限的国际主义战士。在离开白俄罗斯边境时，部队在路边休息，他发现路边有好大一片墓地，一位老大娘在墓地里慢慢地走着。他从坦克上跳下来，跑过去一看，见那位老妈妈在每座墓头上都插一个黑色十字架，在十字架上只是写同一个战士的名字。他问道："妈妈，你怎么在十字架上都写同一个人的名字？"老妈妈说："我也不知道哪座坟头埋的是我儿子，更不知道是谁的妈妈养的儿子，那么我就是为国牺牲的所有儿子的妈妈，我是所有牺牲的儿子的妈妈呀。儿子坟头没有活着的妈妈插的十字架，他们升不了天堂。"岸英把休息的战士们叫过来，大家齐声地说："妈妈！我们都是你的儿子！"战士们齐声宣誓："为祖国而战！"一辆辆坦克卷动着冲天的烟尘，带着战士的愤怒驶入波兰。

波兰的每一寸土地都洒有被法西斯屠杀的人民的鲜血！当坦克冲进还在响着屠杀枪声的一座集中营时，岸英亲眼目睹了德国法西斯正在屠杀犹太人，许多犹太妈妈和儿童倒在血泊之中。他指挥坦克堵住重重的大铁门，不顾一切地站在坦克炮塔上，向开枪的刽子手喊话："放下你们手中的枪！不准再屠杀人民！我们是苏联红军！我命令你们赶快放下手中的武器！"法西斯分子仍然没有放下屠刀，血水都流到大门的外边了。此时岸英愤怒极了，不顾敌人的枪林弹雨，站在坦克的炮塔上，大声地下命令："给我冲开大铁门！"一辆坦克没有冲开铁门，他又下命令两辆坦克并头冲击！战士们喊："谢廖沙！指导员！你危险！"第一道大铁门被冲开了，又冲开第二道铁门，院里枪声不断地响，岸英突然看见，在铁门上挂着笼子，在许多笼子里装着妇女和孩子的头颅！他立刻想起妈妈讲过的长沙城头的笼子里装的革命者的头颅！他拔出腰间的手枪，纵身跳下坦克，连续射击，连声大喊：“红军战士们！救救妈妈！救救孩子！”

坦克炮弹愤怒了，红军战士手中的枪愤怒了！他们冲开了最后一道大铁门，没有被打死的法西斯分子成了俘房。地上的鲜血还在流着，没有咽气的妈妈和孩子还在爬动着，悲哭声不止，血腥味呛人。最激起战士们愤怒的是，在这座血腥的犹太人集中营里，一间大屋子装满了从被杀死的孩子脚上扒下来的鞋子，另一间大屋子装满了从被杀死的妇女头上剪下的头发。这些悲惨的罪证，这些滔天的罪行，激起红军战士们冲天的愤恨！岸英他们的坦克部队，势不可当地冲过捷克斯洛伐克的广阔土地，向希特勒法西斯德国冲去！

毛岸英所在的坦克部队于 1945 年 5 月 9 日攻克了柏林。他站在硝烟夹着冲天的火光中，满脸流泪地注视着柏林国会大厦屋顶上苏联红军战士插上去的红旗！

这时曼努意尔斯基从苏军政治部拍来电报：斯大林大元帅调谢廖沙（毛泽东儿子毛岸英）回莫斯科接见。这时红军战士才知道他们扁鼻子指导员，是中国人民的领袖毛泽东的儿子。

毛岸英回到莫斯科受到斯大林的亲切接见，斯大林高兴地说：“谢廖沙，你这位毛泽东的儿子很勇敢。”

“报告斯大林同志，我和英雄红军一起作战，只不过是普通一兵。”

“听说你没有加入苏联国籍，就加入了战斗行列？”斯大林亲切地问。

毛岸英说：“报告斯大林同志，我是中国人，还要回中国去。”

“你不找个苏联姑娘做媳妇吗？怎么，嫌鼻子高？条件高吗？”

“我要找中国媳妇，我们中国人有传统，婚姻要向父母禀报，我要找像我母亲那样的女革命家、贤妻良母，还要长得漂亮的。”

“你这倒是很有计划，我看你别回中国啦，日本失败是必然的，将来中国是国民党共产党两党的天下，也可能是以黄河为界，或者是以长江为界。”

“那怎么可能呢！”岸英双手使劲儿地摊开，还摇了一下头。

"我看你在这方面不懂，中国全给你们共产党，蒋介石不干，只有以长江或者是黄河划界。"

毛岸英立刻说："中国不是哪个人的，中国是全中国人民的。斯大林同志，中国是统一的不可分割的，谁也没有那么大的力量分割中国！"

斯大林面带不悦地说："是世界上的势力范围，谁能阻挡住呢？你知道蒋介石的背后有美国呀。"

"斯大林同志，美国有权管中国的事吗？说句笑话，那我们在黄河长江的哪一边呢？"

"在北边呀。"斯大林拿他正在抽烟的烟斗在给中国划界。

毛岸英笑起来，笑得斯大林很注意地听他继续说。岸英说："斯大林同志，我是说笑话，那么分给共产党那边的只有吃小米、啃窝窝头了。斯大林同志，中国是不能被分割的！"

"看来，你不愧是毛泽东的儿子。青年人，你不懂世界上的势力范围。"谈话结束之后斯大林亲手赠给毛岸英一把小手枪。听说斯大林还亲手赠给蒋介石的儿子蒋经国一支冲锋枪。不知道这是斯大林的偶然所为，还是另有寓意。

毛岸英被分配到苏联的外国语学院，学习政治经济学。德国、意大利、日本已经无条件投降了，他已经23岁，无法抑制要投身祖国解放事业中去的愿望，他确实是学不下去了。朋友劝他改学科学，他说："我喜欢军事和政治这两门课，我觉得以后的课堂是在我们的祖国。"他此刻把心里的想法和要求都报告给父亲了。

当他接到父亲同意他回国的通知时，正好有苏联医生要去延安给首长治病，苏方同意他同机回国。

峥嵘岁月

➡ 上"劳动大学"

★ ★ ★ ★ ★

一架苏制伊尔 –18 新型客机，从莫斯科机场起飞，划破长空，往中国方向飞来……

飞机在延安降落后，岸英心情无比激动，他终于回到了祖国，回到了分别多年的父亲身边。前来迎接岸英的参谋介绍说："古城延安驰名中外，宝塔山坐落在美丽的凤凰山。毛主席曾在山那边闻名的凤凰山居住过，总共在延安住 12 个春秋了。他领导中国人民进行了艰苦卓绝的抗日武装斗争，直到彻底打败了日本侵略者。延安因此也就成为革命的圣地。"吉普车开进了王家坪。岸英从参谋的眼神里已经明白，正面的窑洞是父亲办公的场所，他轻盈利索地跑过去，大声而又激动地叫道："爸爸，爸爸，我回来了！"嗓子有些嘶哑，眼里饱含着泪水。

"啊，岸英！"父亲转过身子，迎着儿子站在那里。

"爸爸！"父亲像一棵巨大的苍松，儿子像只小鹰落在枝丫上，双脚有力地站在父亲的对面。

毛泽东微微地仰起脸庞，仔细地打量着儿子，点点头说："岸英你回来了，好，好，很好。"

▷ 毛岸英在延安

　　岸英和父亲刚见面就感到脸发烧，心跳得太急了。他说："还是坐飞机快。"

　　"我去重庆坐过，革命进程比飞机快。"毛泽东坐在一张宽大的椅子上，看着儿子英俊秀气的面庞，在开阔的眉宇间有着开慧俊俏庄重的姿影，天庭饱满，鼻梁高挺，有着父亲遗传的特征，肩膀宽厚，看出是个有坚强性格和健全体魄的小伙子。父亲看着这中意的儿子又说："你个头长得高噢。啊，你把那牛皮靴脱下去。"说完，随手把椅子下一双黑布鞋递给儿子，用手示意要儿子坐在对面小木凳上。岸英接过布鞋穿好后控制不住地问道："爸爸，我二叔……"他对二叔的感情太深了。

　　"岸英，你二叔牺牲在迪化（乌鲁木齐）了。"他语气说得很重，随手摸起一根香烟，划火柴的手指颤抖着点着香烟。

毛泽东抽了一口香烟说："革命嘛，总是要有牺牲的，为人民牺牲重如泰山。岸英，你母亲牺牲时你在她身边，这十几年来我都在想，当时你还是个孩子呀，后来你又在上海六年，你心里能压住。"他又抽一口香烟，同时在观察儿子。

岸英耸起重重的双眉，知道父亲该有多么思念板仓，思念开慧妈妈，于是说："我妈妈在狱中，她告诉过我说'见到你父亲，告诉他我是为革命奋斗牺牲的'。"

"你妈妈在狱中吃很多苦哇，你还记得当时的情形吧？"

"敌人把妈妈打得遍体鳞伤，用尽了酷刑，还威逼利诱，要妈妈在敌人报纸上声明和爸爸脱离关系，就放出妈妈，可妈妈说出两个字:'妄想'!"岸英已经泪流满面。

毛泽东此刻没有制止儿子的感情冲动，微微地仰起脸，好像在诉说着："岸英啊，你二叔牺牲在新疆，你小叔牺牲在瑞金，我毛家已经为革命牺牲几个亲人喽。"

爷俩倾心地交谈起 19 年来的离别之情。

毛泽东说到儿子在苏联学习生活的情况，他说："你在苏联长大，住的是洋学堂，对国内生活你还不了解，这是缺了实践这门课程，应该补上，从中国的历史人文上着手。"

岸英理解父亲话中的意图，于是说："我想要很快地参加工作，边工作边学习。"

"工作要由组织上定。关于你的成长我可以安排，中国还有个学堂，就是农业大学、劳动大学。"岸英很爽快地说："我很想到农村去参加劳动，搞调查。"

"要以劳动为主，要向群众学习。你在莫斯科睡那么好的钢丝床，你到农民那里睡黄土炕，在炕上摊一张芦席子，底下烧火，烧多了烙，烧少了凉，老百姓家里有虱子，不要怕，有水就多洗一洗，没水就用手多捉它几个。"

△ 毛泽东与毛岸英在延安

　　岸英听着笑了，他脸上的笑容也使父亲明白了，儿子在上海那六年吃过苦头了。儿子高兴地说："爸爸，要快点安排呀。"

　　没过两天毛泽东帮岸英找到住处，他对坐在木椅子上的老农说："他是我的儿子毛岸英，从苏联刚回来呀，吃的是面包，喝的是牛奶，他去你那里当农民。"说罢转过身，"这就是农业大学吴校长。"

　　这时那个老农要站起身来，毛泽东摆手要他坐下，接着说："岸英，先拜校长，村里许多老农都是师父，一日为师，终身为父。他可是著名的劳动模范。"岸英赶忙行了个鞠躬礼。

　　"毛主席，咱那里叫啥大学，咱叫啥校长呀，咱啥也不懂呀。"

"我知道的你都知道，你知道的我还不知道，你要教他嘛，庄稼是怎么种出来的，怎么种才能多打粮食。"

"毛主席，咱这行。"

"吴校长，我给儿子的学费不多，就定一担六斗小米，300斤左右吧。我这就派人用我的马给你驮去，学生过两天就到。"

"毛主席，咱吴家枣园有小米吃。"老吴知道毛主席那匹马爬过雪山，走过草地，两万五千里长征中作过贡献。

"学生都要交学费，你的学生会多吃你很多小米的，吃小米养身子，他口粮吃的小米，会亲自背去的。"

在岸英去距离延安城南15里吴家枣园上学的那天早晨，他亲自把父亲送他的打补丁的棉衣穿上，换上双挤脸的布鞋，父亲还让他带上一双布鞋，带上一套新布裤褂。送他到吴家枣园的张参谋那里。在捆行李时，特意给他拿来一条棉褥子。岸英听父亲说老乡家炕上光铺芦席，他没同意带，把褥子放在小房的柜子里说："垫了褥子，在老乡家里显得特殊。"临走，去和父亲告别时，他精精神神地行了个军礼。

父亲打量他这身穿戴，忙把床头搭着的白羊肚子手巾递给儿子，看着儿子扎在头上说："这才像个陕北娃子，岸英你要和老乡们一同吃，一同住，一同劳动，要活泼，唱唱陕北信天游，从开荒一直到收割后，再背小米回来哟。"

岸英把行李和一斗小米往肩上一扛，爽快地说："爸爸再见。"他边走边向王家坪挥着手。开头走得很轻松，但是这11里路还要爬段大山坡，他走着走着就觉得很吃劲儿了，为了缓冲一下力气，他和送他的张参谋说："浑身闲肉挂多了，走几步路就吃劲儿。这叫不压不成材嘛。"当他们快走下山坡时，听见了锣鼓声，岸英停下脚步说："张参谋，是不是村里为了欢迎我呀？"张参谋说："可不是怎么的。"岸英感觉挺不自在，说："到村里还有没有别的路？"张参谋说："后山有条路，要多走二里地。咱们和村里老乡藏猫猫？"岸英用力地颠下肩膀说："不怕路遥，就怕无功脸烧。咱们快点走，进村之后，转过身来欢迎老乡亲多好呀。"他们加快脚步紧往后山坡小路走去。

谁知，在山上碰见披羊皮袄的老汉和一个头上扎花帕子的姑娘，两人赶着羊群迎面走过来。

老汉忙上前说："你就是毛主席的大儿子毛岸英吧？我领你们进村。羊嘟嘟，快把你大哥身上背的口袋扛进村。"叫羊嘟嘟的姑娘把赶羊鞭往腰带上一掖，走过来接岸英肩上的行李和小米口袋。

岸英脸红红地说："大爷、大妹子，我是小学生，是到村劳动大学来劳动。"他不肯把肩上的东西让给姑娘。

"这大哥，满封建喽。"姑娘话出口，双手把岸英肩上的口袋抢过去了。

岸英和张参谋赶到村前头，一位穿着旧干部服的人和吴劳模迎上前说："张参谋，你们走路绕远了。"张参谋笑着。老羊倌说："我早就猜摸出，你们这锣鼓敲得紧，吓得毛主席的后生不敢走前山走后山。"他说着把郝村长介绍给岸英。郝村长从桌上捧起一个装清水的大碗说："岸英同志，按毛主席的安排，本村老百姓热烈地欢迎你来学农。"他把大碗往毛岸英眼前一捧。毛岸英吓得不敢去接大碗，老模范对岸英一点头说："这是本村井里的水，喝一碗就成为一家人了。"岸英双手捧起大碗，几大口就把水喝干了。

郝村长和吴劳模向岸英指着两个青年说："岸英同志，这是给你请的先生，你就叫他们老大哥、老二哥吧。你们从今天起，就在一个生产互助组了。"岸英高兴地和老大哥、老二哥握手，他见这二位老大哥满脸皱纹，真够老大哥、老二哥的资格。到了夜间村里群众还送来红蜡烛，土炕上虽然不是铺的新芦席，却放着两床干净的被子，岸英也把行李打开，铺上被子。在行李里边包着不少书，老大哥和老二哥看着直摇头说："念了这些书不胀破肚皮才怪呢。"到了吹灭红蜡烛睡觉时，两位老大哥谁也不往身上盖被子，岸英想这可是啥规矩，夜里也不往身上盖被子，第一宿冻得他身子抱成团。第二宿使他更糊涂了，两位老大哥的被子都不翼而飞了，他们都盖上一件没挂面的老羊皮袄。岸英这夜又没盖被子，挨了一宿冻。到地里去开荒，他憋闷不住地问道："老大哥、老二哥，你们的被子跑哪里去了？夜里可把我给冻苦了。"两位老大哥一看岸英是个实诚人，他们苦笑着说："老弟，我们村里没有几家有被子，一辈子只有娶起媳妇才能做床被子。那天夜里我们借来给你看的。"岸英听后心里很酸楚，中国的农民多么苦呀，他几乎半宿没有睡着觉。从这夜起他也找到老羊倌家，用被子换了件刮风、下雨、白天、黑夜都顶用的老羊皮袄。

正式开荒那天刚走出门，岸英就看见两位哥哥扛的开荒大镐和他那把不一样，他用手一拎相差有四五斤分量，他又闹"革命"才换成两位哥哥用的那种开荒大镐。山坡上的荆棘条浑身长硬刺，大镐刨下去乱颤悠，软得像响尾蛇，崩起来往脸上抽打一下，比刀子割的还疼，伤口上不冒血火辣溜地疼。他拉住两位老大哥的手一看，全手掌满是老茧，硬得像牛角，锥子都扎不出血来，他心中很痛，也很为中国农民感到自豪，他们是历代征服土地的英雄。不管江南的鱼米之乡的红土地，东北的黑油油的黑土地，还是黄土高原的金土地，都是农民的命根子。农民世世代代生息在中国的土地上，他们的身心、血肉、泪水、汗水、情感都倾注给土地，他们打下来的粮食养活着中国人民呀。岸英抓紧两位老大哥的手，止不住地流下热泪说："老大哥，我也要有这么硬的一双手呀！"两位老大哥亲热地拍拍岸英的肩膀说："岸英，你的手是动笔杆的呀。"岸英摇着头说："动枪炮的、动机器的、动笔杆和不管是动什么的，都得吃农民种出的粮食呀！"从此岸英每天开荒抡起的钢镐刨下去，两肩、双臂不震得发麻他都感到心里有愧，就像老二哥说的，镐刨下去没有回响，那就是你没叩开大地呀！两位老大哥从岸英甩开膀子实干劲儿上看出，他干活着实不藏奸，是个好小伙子。

他们在地垄头上吃午饭喝水时，就是用刚刚抓粪撒在土地里的双手，抓起瓦罐咕嘟咕嘟喝水，用手掌子揩揩下嘴巴，从来不洗手。岸英吃着那黄灿灿的小米，想起来扛小米口袋出的那身透汗，捧着碗一粒不掉下来。在垄头吃糠皮子窝窝头时，老大哥要岸英先含一大口水，吐在手上洗洗，再用双手捧着吃。岸英知道陕北缺水，他咕嘟把水咽肚去，也和老大哥们一样，用刚抓完粪的手捧起糠皮窝窝头，吃得喷香。他在这么高强度的劳动中，才真正体会到劳动的价值。老大哥问道："岸英，你吃饭时也在背诗吧——锄禾日当午，汗滴禾下土。谁知盘中餐，粒粒皆辛苦。"岸英说："背过，几乎天天都背。现在我是亲眼看见粮食的珍贵了，乐在其中呀。"干活休息时，岸英就光着膀子跟着两位大哥在黄土地上打滚儿，感到真舒服，心里时常想起他在上海住破庙讨饭吃时的难处。

郝村长、吴劳模、房东都怕岸英吃不消小米子、米糠窝头和豆钱、苋菜、蒲公英这些苦菜，嚼一口都苦到舌头根子。没油少盐炒的土豆丝，加把辣椒面是上等好菜了。他们见岸英每顿饭都吃得满口喷香，他们还苦心安排要岸英回延安看看爸爸，为的是给岸英改善改善生活，可他坚决不回去，他诚恳地说："我才开始学个头，马上要开犁种地了，我怎么能回去? 再说爸爸要是想我，他准写信来。"

老大哥扶犁撒种的活，在村里是最拿手的，岸英开头也不等老大哥指点，抓过犁杖把就扶，扬起鞭子就赶，还没等他把铧头插进土里，毛驴拉起来就放小跑，也知道要是等铧头插进硬土里，再拉起套来就费劲了，这样就把岸英拉倒在地上。老大哥教他抓住犁把之前，先把手中鞭子抽个响，毛驴就知道扶犁的鞭头狠，把耳朵一耷拉，低下脑袋乖乖地干活了。岸英拍着划破的衣服说："牲口也欺负生人呀。"

赶牛放羊是老二哥的拿手好戏，他们去地里干活要把羊赶到山坡上啃草。岸英也拿起一条鞭子一把羊铲，可是他每次赶羊时，羊都四处散花跑开，累得他喘粗气，心里还不服气，嘴里嘀咕着："那么大个的坦克我都赶到了德国柏林，这么几头羊就赶不成群？"后来他跟老二哥先学铲子功夫，用铲子铲起土疙瘩，指哪头羊，甩出去就打在那头羊的头上。但是羊一闯出圈就乱跑不听他指挥。他再次求教老二哥，老二哥一搭眼说："岸英，你的亮相不够架子。"岸英笑着说："怎么说也不是给羊唱大戏。"果然是那样，你在羊圈跟前一站，先把破羊皮袄往身上一披，把赶羊鞭一抱就是给羊群亮相，再大声唱起信天游——"羊鞭鞭一甩嘎叭叭地响，生产放羊上山峁峁梁，为呀为的是前方打胜仗。"岸英也跟着这样做，很快地就成了个陕北真正的放羊倌儿。

岸英的师傅老大哥和老二哥，把着他手教给地里庄稼活计，不久庄稼地里的活他都能干个八九不离十了。岸英双手磨出小泡套大泡，冒油流血，脱起一层层皮之后变成茧子了。村长和老模范到地垄头看岸英，夸他实心务农，农活干得好，并说吴家枣园人都称赞岸英有尊敬农民的好思想，毛主席有个顶好的儿子——毛岸英。

岸英记住临来时爸爸对他说的话："孔夫子还敏而好学，不耻下问。你就甘当小学生吧。"他随身带着笔记本，把操作经验像记妈妈的《革命课本》一样记下来。他在笔记本中写道："要开荒，先备镢。刨荆条，要除根。要开犁，先打铧。牲口套，没疙瘩。扶犁杖，脚要稳。手抓粪，要均匀。撒种子，成条线……"他准备继续往下写小苗出土、开锄铲地、开镰收割、粮谷入仓。乡下种完地，庄稼院里的活少些了，他就主动找活干，每天都干得热气腾腾，要给几家五保户挑水满缸，要给几家烈士家属劈柴成垛，包扫三户院子。半条街，老乡说他是眼里有活，两手不闲着。很快地他就和村里男女老少都混熟了，人家有话找他唠，有事求他办。他带来些钱也都掏出去给老乡治病买药了。

就在这时，蒋介石指使胡宗南，调动23万军队要进攻延安，各地掀起参军保卫革命圣地延安的活动。

郝村长和老模范根据当时的紧张局势，先跟毛主席打过招呼，然后把岸英送回延安。离开吴家枣园时，全村人都恋恋不舍地送过山梁。岸英站在山梁上，临别时面对乡亲们行了个鞠躬礼，村长派老二哥给岸英扛行李相送，岸英握住老二哥的手，坚决要自己扛着行李回延安。在他大步走下山梁时，心里感到不满足的是没有等到秋天，没有亲手收割金灿灿的谷子。

⊖ 迎接解放的曙光

★★★★★

　　岸英从吴家枣园回到延安王家坪之后，把行李放回小平房，没有顾得上洗把脸就去见父亲。他进屋就叫道："爸爸，我回来了。"他见父亲桌上堆了许多地图。

　　不久，胡宗南举兵进犯延安。这天，岸英见到父亲后说："爸爸，我应该去工作了，怎么安排我呀？"

　　父亲说："不忙，你还没有毕业呢。还是那句话，你的工作由组织安排，你的成长由家长安排。你要过黄河跟康生、曹轶欧到山西参加土地改革试点。我们打仗，农民跟着我们扛枪，等我们放下枪，农民就伸手跟我们要土地了，因此我们不把土改推上日程，有朝一日农民就有火气了。你跟着搞土改，还是为了向农民学习，我只要坐下来，就要起草土改工作方面的东西，你给我调查些材料，你要有开慧妈妈的本领才行。"

毛主席领导中国人民解放军转战陕北，岸英跟随父亲到了陕北清涧县，和在山西中央土改工作团团长康生取得联系，他向父亲禀报说："康生团长要我赶过黄河，并说为了工作方便，要我改姓曹，以曹轶欧阿姨的侄子身份出面。"毛泽东笑笑说："毛泽东的儿子改姓曹了，改吧，《百家姓》随便挑。你是吃百家饭，走万里路长大的。"岸英就这样飞身上马向黄河边赶去了。

岸英来到工作团所在地郝家村的第二天就找到康生说："康团长，我刚来乍到，要求和其他同志一样，分给我几户，我要深入到贫下中农中去，我来晚了该多干些活。"他说得很真挚、热情。曹轶欧就翻开本子说："我看把高坤生光棍儿撂脚汉分给小曹，他们是光棍儿对光棍儿，还有把妇女主任张秀英也分给小曹，有男有女，有干部有群众，这也是全面锻炼嘛。"

有个同志说："小曹刚来乍到，高坤生性格古怪，我看别分配给他。"接触过高坤生的人知道，看外表他是一锥子扎不出个眼的人，谁到他家坐在炕上磨破裤子，他也不会说出一句话来。

别的工作队员都两眼看着康生，这时岸英表态说："我看这两个人行呀，我如果干不好请大家多多帮助吧。"

"对头，小曹是老党员，联共（布）党员转过来的。党员嘛，都要知难而上。"康生拍板了。

岸英向工作队员打听高坤生家住的窑洞，人家要带岸英去，他笑着说要自己找上门去，人家就说："村里最最破的窑洞就是他的家。"窗户上没有糊纸，窑前窑后没有柴草垛，不养圆毛的猪羊，没养扁毛的鸡鸭，窑前窑后没有一条走进屋的道。烟筒不冒烟的是他家，炕面子上上霜的是他家。说这人有三十四五岁，长年累月给地主家做长工，好长一阵子因为脚上生疮，他对人说是寸步难行，磨磨蹭蹭煮一顿饭吃上五六天。岸英开头想到第一次见面可能遭到高坤生的拒绝，但他想到要给这人带点温暖去，就找了一小捆山柴背在肩上出发了。果然找到一家最破的窑洞，他上前敲门问道："高坤生老乡在家吗？"

"谁又找错门了？我是高坤生。"那声音小得像懒猫叫唤。

"高大哥，我是土改工作队的小曹，专门来看你的。"

"你准是找错门了吧？"

"找对门了，高坤生大哥，我就是找你呀。"岸英把山柴放在窑洞门前。

"从来不关门，耗子都不进我这窑洞，低点脑袋瓜子，别撞掉鼻子。"

岸英大弓着腰挤进窑洞，里边黑得伸手不见掌，胆小的不敢往前迈步。只听哗啦一声，是高坤生从破窗口扯下一块老羊皮，屋里这才露出一丝阳光。

岸英赶忙自我介绍说："我是工作队的小曹。"他两大步迈进屋里，伸手摸着炕沿一抹屁股坐在土炕上。

"小曹？我咋早没听说呢？"高坤生坐在炕头上，用破被垫着两只大脚，看模样是要下地打招呼。

岸英心头一亮，觉得这人不是死关在屋里，工作队新来个人员，他都能知道，这说明他不是不关心土改工作，赶忙说："高大哥，我是刚到郝家村的。你脚上有疮千万别下炕。人常说一只脚上有疮，两条腿发沉。我给你带来点泡脚药，用热水泡上洗几次能见好的，我来为你泡一服。"他在临来时特意从工作队医生那里，找来两服泡脚汤药。

高坤生抬手掌揉一下鼻头，差不点要掉下泪来了。他嘴里叨咕道："屋里水没水，火没火，就剩下个半死不拉活的人。"他说完重重地叹口大气。

岸英忙到窑门外把山柴抱进屋里，看破缸里真没有水，也没有找着盛水桶。他说："高大哥，你千万别动地方，脚病就怕抻着，我去弄水。"他转身走出窑洞，心里感到轻松愉快，因为他觉得这个高坤生不是不开窍的人，只是他生活太苦了。这天岸英挑来了水，还背来几升小米，点火时又费了很大劲儿，把烟筒给通气了，先煮出喷香的黄灿灿的小米饭，还亲手泡好了药，又动手给高坤生泡脚，吓得高坤生浑身直打哆嗦说："哎呀，我的老天爷，这天要塌了！"他说啥也不让岸英给洗脚。岸英笑着说："高大哥，你要是把我小曹看成是外人，那我转身就走开，你要把我当兄弟看。如果我脚上有疮下不了地，你能帮我洗不？"高坤生号啕大哭起来。第二天岸英又找来医生把高坤生脚上的烂肉剔掉,经过几次治疗,高坤生的脚病好了,能下地走路了。他每次见到岸英都满脸流泪说:"小曹同志,我今生算遇见你这么个好人啊。"他双手抱住岸英放声哭起来。他感到对岸英没法报答,要求工作队把每天开会敲铜锣的差事给他,他每天把那面铜锣敲得格外响。

岸英接下来又找到妇女主任张秀英家,他早知道张秀英有一天斗恶霸地主刘浩生时没有参加。他想,不能马上批评人家,首先是要把情况弄清楚。他认为妇女主任没参加批斗会这不是一般问题,妇女是半边天,没有参加会就减少了对地主控诉的力量。张秀英听见有人敲窑门,立刻把女儿抱在怀里去开门,特意拧孩子屁股一把,孩子哇哇地哭起来。岸英笑着说:"你是张秀英主任吧?我是工作队小曹,特意来看看你呀。"他还敬个军礼,说得十分客气。

张秀英一边嘴里哼着哄孩子,装作不认识地说:

"同志,你找我吗?我是张秀英。"她连说带演戏地忙活着。

岸英看她顶多30岁出头,浑身上下收拾得很利索,怀里的小女孩脸蛋红扑扑的,穿着都很干净,窑洞里外收拾得盆光碗亮,看得出女主人是治家的一把好手。他进屋坐在炕沿边上说:"张主任,我是刚参加工作的新手,工作队分工让我来和你商量,发动妇女参加土改的事。"他说得很诚恳,很认真。

"啥主任?我快卸任了。"张秀英说话很快当,"男人坠腿,孩子占手,我圈在窑里也出不了门口,再说我哪里有能耐呀?发面都发不起来,哟哟,还说发动妇女呢。"

岸英笑笑说:"我听工作队人说,薛大哥是开明男人,怎能让大嫂困在寒窑呢?"

"我是有脚出不了窑门,有腿走不进人群,你看看这哭咧咧的孩子,手也捆住了,嘴也粘住了。"她又动手掐孩子屁股,孩子像被蝎子蜇了似的哭起来。

这一招被岸英看见了,于是他顺怀里掏出个用罐头盒子做的哗啦棒,里边装着小石子儿,用手一摇哗哗响,孩子听着立刻不哭了。他说:"张主任,你可是民主选出来的，怎么能卸任呢？"

张秀英这才仔细地打量岸英，有点感到来人不一般了。她接过哗啦棒笑着说："曹同志，你还会做儿童玩具？手可真够巧呀。"孩子被哗啦棒逗得一声不哭了。

岸英说："听说你孩子太小，确实有困难，我才给孩子做个哗啦棒玩儿，因为我从9岁就带着两个弟弟，在外地生活了六年多呀。"

"半大孩子还带两个孩子，那你可够苦的哟！看来我们都是穷苦出身，应该帮助穷人翻身干些事。"她把孩子拍睡之后说，"我们妇女不爱抛头露面，有的是家里老人封建，有的是男人阻挡，拿我来说主要是孩子坠手，不然像我这贫农女儿，又是选出来的妇联主任，没有干事脸上也不光彩。斗大恶霸刘浩生那天，有许多老乡都躲在房后和墙犄角偷着听，我也抱着孩子竖着耳朵听了。"

岸英又问道："你们怕不怕刘浩生？"

"怕是有点怕，只要工作队坐得住，说话算数，把共产党要坐稳江山的事说到家，刘浩生他变不了天，就没啥可怕的了。"张秀英是个很有心计的妇女，她说："听老人说，1938年2月20日，毛主席到陕北后亲自率领中国工农红军抗日先锋军，进入山西东征，红军也到过郝家村，给贫苦农民分了些田地。可是红军撤走之后，刘浩生勾结伪县政府，把四个贫雇农抓进县城杀害了！这事是听老年人讲的。"她说完还擦把湿眼窝儿。

岸英听着点头说："难怪老乡们有顾虑呀。"他看张秀英满腔热情，就把工作队片太大，队员人少工作欠火候，没有做细致的情况说了一下，请张主任多提意见，并且说:"今后由我学着做,请张主任多帮助。"张秀英提出上次大会开晚了,妇女的特点是晚上要照顾孩子、老人、烧饭熬汤,占手事太多,老年妇女封建不爱出窑洞,稍微年轻一点的妇女爱成群结帮,有一两个不参加差不多就散伙了。这就有个麻烦事,孩子脱不出身。岸英听后说:"找人给带孩子不行吗?成立个带孩子组不行吗?"

岸英很快地把临时带孩子小组成立起来了,在开始试验头一天,有不少妇女来看热闹,刚走到窑洞门口就听见孩子的玩具响声,她们凑近一看,见几位老大娘和小姑娘,房大梁上吊着摇车,孩子有的被抱在怀里,有的被牵手领着在地上溜达,屋里比唱大戏还热闹。张秀英率领妇女会第一个迈进屋时,她那三岁小女娃子,见妈妈都不扑她的怀了。

就在这时,大多数工作队队员听说康生团长要露一手,他要在批斗大会上,先把地主的浮财挖出来大亮相。岸英感到这事很怪,地主还没有斗倒,能挖出多少浮财呢?一天夜里,岸英他们几个土改工作队年轻队员和几个带枪的民兵,闻讯去阻止挖浮财的行动,一行人刚走到刘家祖坟,迎面遇见六七个人,有翻身委员会的骨干,还有土改工作队队员,他们都扛着铁锹、钢镐等工具。两伙人几乎走了个顶头碰,在一片树林子里相遇了。岸英开门见山地说:"咱们土改工作队员不能去挖坟,贫雇农的翻身委员会也不能去挖坟,挖坟的事是违反土改政策的。"对方看是岸英他们,就说:"这是康生团长秘密组织的,他说把大批珠宝从刘家祖坟挖出来,在斗争大会上献宝,我们的功劳就大了。"岸英说:"怎么知道刘家的坟里埋着珠宝呢?如果没有挖出来怎么向群众交代?"一个翻身委员会骨干说:"我们做梦梦见有条狐狸,往刘家坟里叼金元宝。刘家坟修得这么气魄,肯定在坟里埋着金元宝。"另个工作队员说:"有老贫农反映说这是刘浩生造谣,他的财富不会埋在坟地里。"岸英说:"我们刚调查明白,这刘家坟是刘家一座老坟,已经几辈子了,这坟场里还埋有刘姓不少穷人家的祖宗,咱们挖了人家的祖坟能行吗?再说这要传出去,说工作队挖祖坟,就会坏大事呀。"就在双方交换意见时,从郝家村周围几个村子,打着灯笼火把赶来很多人。

迎面走来的这伙人很多，他们一到跟前就恶狠狠地叫嚷："你们敢挖刘家坟？我们刘家是大户，刘浩生是恶霸地主，我们还有很多户是穷人呢！为哪条要挖我们的祖坟？"岸英他们听到这里捏了把冷汗，要是晚来一步就会发生一场械斗。一名工作队老同志走出来说："我们是听说有人来挖坟，才赶来制止的！"这么一吵嚷的工夫，先头带着工具的人们，在黑夜里把手中的工具偷着扔下山崖了。岸英大声地说："我看咱们大家都看看刘家坟被人挖了没有？"经他这么一说，大家才散去了。

刘家坟埋有浮财这码事，经过调查原来是恶霸地主刘浩生为挑拨群众和工作队的关系制造的谣言，是为了制造混乱，破坏斗争地主大会。这更加激怒了广大贫下中农，他们要求立刻召开斗争恶霸地主刘浩生大会。经上级批准，在郝家村等几个村子联合召开批斗大会。这次大会开得非常成功，从早晨开始参加大会的愤怒人群就挤满了会场，群众不住声地喊："向大恶霸地主刘浩生讨还血债！""打倒恶霸地主刘浩生！"被刘浩生反把时杀害的四个贫雇农的家属，争先跳上台控诉，有的人拿出被害人当时穿的血衣，共有几十人参加控诉，有血有泪，愤怒的群众像火山爆发一样，会场沸腾起来了。刘浩生和他的儿子都吓得昏倒在台上了。刘浩生不得不承认刘家坟根本没埋什么珠宝，他家的财产都藏在他家房顶里了。

岸英参加土改工作时间不长，但是给一起工作的同志印象很深，人家说他有老八路作风，淳厚朴实，对人总是和和气气，从来没有见他发过脾气。他常穿件肥大的灰军装，不修边幅，有时五个纽扣掉了两个。他会说俄、法、德、英外国话，但从来没有当人说过一句，只见他身上带着几本外国书，夜里读，在心里默读，谁也不知道他是留学生。小事上他不喜欢吹毛求疵，原则问题上却旗帜鲜明。

在河北平山县西柏坡，刘少奇、朱德等同志负责的中央工作委员会正筹备召开全国土地工作会议，并多次讨论《中国土地法大纲》，岸英被上级调去参加全国土地工作会议。在岸英走后十来天，工作队同志嘴不严紧，说出了小曹的真实姓名和身份，村里人才议论说，岸英长得越想越像毛主席。

毛主席的儿子真不赖呀！他们从内心深处夸奖毛泽东的好儿子毛岸英。

这年5月，党中央和毛主席来到河北平山县西柏坡，岸英在山东土改工作团完成任务后，也回到西柏坡。有一天他和爸爸谈起话来，他问道："爸爸，我现在还算家属级吗？"他有点和父亲调皮了，但他那双亮亮的眼睛，使父亲感到儿子长得壮实了，脸庞黧黑透红了，声音有很大变化，陕北、山西、山东的韵调都有了些，听着怪厚实的。父亲好像掂量着儿子问道："我正在起草土地改革工作和整党工作的指示，好多报告我看过了，这是党的大事情，也是我们党今后领导农民关键的文件，这次你有发言权了。"这时忽然一个女孩子快步跑来，推门进屋就叫道："爸爸，您好！"

毛泽东喜出望外地说："思齐，你是什么时候来的？"

思齐忙说："刚到，就来看爸爸。啊，岸英哥，你也在这里？"她显得非常高兴，脸蛋上现出两片绯红。

岸英想一会儿才说："思齐是你呀，长得好快，成了大姑娘啦。"

"岸英哥，你不也长成大小伙子了吗。"这就是两人在大姑娘、大小伙子的问候下见的这次面。

毛泽东看着这一对很般配的年轻人，微微地笑起来。

爱情·豪情

★★★★★

　　毛泽东对刘思齐是很器重的，他和思齐的父母还是大革命时期的战友。思齐的父亲刘谦初曾任中共山东省委书记，1931 年与 20 位同志一起被山东军阀韩复榘枪杀在济南纬八路刑场。七年之后毛泽东在延安中央党校礼堂观看话剧《弃儿》，他被扮演"弃儿"的小演员深深吸引，那真切、生动的表演，那一声声"妈妈"、"妈妈"的呼唤，深深打动了他的心。演出结束后，毛泽东让工作人员叫来了扮演"弃儿"的小演员刘思齐，当他得知小女孩就是刘谦初和张文秋的女儿时，对孩子的继父陈振业（长征干部）和母亲张文秋十分动情地说："这是烈士的后代，我们有责任好好教育她。"毛泽东弯下腰抱起思齐说："你不是'弃儿'，是革命的宝贝。我做你的干爸爸，你做我的干女儿，好不好呀？"刘思齐点头笑着，小脸绯红地叫了声："爸爸。"这之后，刘思齐随父母去了新疆。1946 年，经历了牢狱之灾的思齐，随同母亲从新疆回到了延安。就是这年，思齐去看望爸爸毛泽东时，正巧碰上刚从苏联回到延安的岸英。那年她 15 岁，岸英 24 岁。两个人都在小时候住过敌人监狱，都是苦孩子，有共同语言。

　　岸英这时已经是中宣部的编辑助理了。毛泽东看岸英和思齐谈得很投缘，非常高兴。此刻在他的睿智的大脑里，正在思忖着利用三五年的时间解放全中国的战略问题。他停了一下那伟大的构想，打量着岸英和思齐，心想他们要能结为伉俪，那可是最好的一对小夫妻了。毛泽东打断两个年轻人的谈话说："思齐，在我这里就餐吧。啊，要是饿了，岸英是运输队长，跟他讨你们山东的大花生米吃，他经常用花生米招待我。"

　　岸英果真从衣袋里掏出几把炒熟的花生米，两人的谈兴越发浓烈。当思齐谈到在新疆监狱亲人挨打、挨饿，有时一天喝不到一口水，舌头在嘴里干得成了木头片子时，岸英激动得抿紧嘴唇，无声的泪水潸然而下。他不爱当别人面讲自己在湖南、上海以及陪同母亲在监狱里的悲惨生活，他的回忆比思齐更为惨痛，但见到思齐，他就想一股脑儿地把这些回忆都讲给她听，思齐在听岸英讲那些难以忘怀的往事时，也异常悲恸。

　　思齐的思绪也在与他同行，渐渐地也从悲恸中走出来，她脸上带着甜甜的微笑，眨着亲昵的眼神，细心动情地听着岸英讲过的每一句话。岸英讲到在山东土改时，认识了《实践论》的重要。思齐问道："岸英哥，你看山东的姑娘怎么样？"岸英立刻说："她们思想进步，土改时立场坚定不落后，支援前线更是无比英勇，一人一辆独轮小车，吱吱嘎嘎推两百斤粮，推两个伤员，可以说大部队走到哪里，她们就跟到哪里。"思齐带点调皮的味道问："岸英哥，你这么喜欢俺山东姑娘？"她说了句山东话。岸英这才敏感而难为情地看了看面前坐着的山东姑娘刘思齐。岸英感到思齐心地特别善良，又在思齐身上看到有开慧妈妈的贤惠、勤奋的性格，顿生相见恨晚之感。两人可谓情投意合，一见钟情。

　　思齐正在山西路城北方大学学习，正好这阵有些空闲时间，于是就在西柏坡多住几天。

　　槐树飘香时节，岸英和思齐又见面了，两人已到了推心置腹的程度。思齐关心地问道："岸英，你翻译工作忙不？"岸英脸上带着微笑说："我是

△ 建国初期，毛岸英（中间）任翻译，陪同外国专家

大翻译家曹葆华的弟子，和他在一起，真是一次难得的学习机会。我比外行强点儿，外文这玩意儿，不经常摆弄，就会忘记。"思齐又问："你在苏联待了八九年，俄文还能记不牢吗？"岸英诚恳地点着头说："我现在每天跟曹葆华老师学习，一起翻译外文，另外还要分配些时间学习英、法、德文。"思齐被感动了，连声说："岸英哥，你有这么重的工作和学习任务，我能帮你干点啥活不？"岸英激动地抓住她的手说："谢谢，不过眼下你还帮不上啥忙。"两个人四目相看了一会儿，岸英有所感触地说："像开慧妈妈和爸爸，我老觉得他们把爱情、工作和家庭融合在一起了。爸爸年轻时比现在还忙，妈妈管理家务照看孩子，有时也跟爸爸去搞调查，可我如今印象最深的是，只要爸爸脚上鞋子穿破了，妈妈准又做出一双新鞋来。"他接着说，"家庭应该以感情为基础，夫妻在

政治上、生活上相互关心、互相帮助、互相尊敬最为重要。"

警卫员招呼岸英和思齐吃午饭，他们欢欢喜喜地走进餐厅。警卫员说，给主席的饭热了两次了，他也没工夫吃饭。岸英和思齐想到父亲还没有吃饭，两人的食欲也减了大半，各吃半碗饭，夹了几筷子菜就撂下了。

为了给中央机关进北京作准备，岸英在中央机关保卫训练班学业结业后，被分配到中共中央社会部，担任李克农部长的秘书。别人认为这是美得流油的差事，可他仍然准备有机会到工厂去工作。他还没有见到李部长，就接到命令，要他从保卫训练班背着背包，赶到一个工兵排报到。听说他在苏德战争时扫过地雷，他是以扫雷"专家"的身份提前赶去报到的。排长搭眼就看出岸英是个棒小伙子，干事说话都很麻利，于是见面就把岸英当成完成这次任务的领导，他一边递上名单，一边报告："刘排长向'专家'同志报告，全排三个班齐了！"岸英此刻本想说，他不是排雷专家，但他觉得责任重大，应该担当起这个"专家"来，于是问道："同志们，都起过地雷吧？"排长赶忙说："在延安我们的任务就是保卫党中央和毛主席！多次完成过起雷工作！"岸英拿着名册一个人一个人看，每个人名下都标出"共产党员"。于是他简短地作了动员，说咱们人不多，却担任起为党中央、毛主席顺利进入北平铺平道路，扫清障碍的重任！主要任务是清除中南海的地雷。扫雷排把外围地段的地雷清除完，刚吃完晚饭，岸英突然接到电话，明天中午中央首长进入北平城，入城后先到颐和园休息，接着要在景福阁宴请各民主党派人士，上级命令扫雷排完成在中南海的工作后立即赶赴颐和园。

他向全排传达完任务后，大家就带上扫雷器，坐上卡车，赶到颐和园。他们一步一个脚印地在路上踩一遍，接着检查昆明湖畔的石舫、水榭曲桥，他们像猴子似的在万寿山上爬上爬下，把石桌、石椅用手摸了一遍。他们一直干到深夜，才吃几块饼干，喝几口凉水，在石船上休息一会儿。岸英开玩笑地说："同志们，我看今后谁来逛颐和园，也没有咱们逛得仔细，每块石头都摸过一把。"接着他们还连夜把会议厅的每把椅子都摸了一遍。主要部分清除完时，还剩下前后马路和停车场，由于时间紧迫，看来他们得连轴转了。

△ 1949年，毛泽东与毛岸英、刘思齐在香山双清别墅

岸英把大家召集到一起，为大家鼓劲、加油。他站起来，挥了挥拳头说："同志们，党中央就要进入北平，建立人民的新中国了！同志们，跟我毛岸英赴汤蹈火，坚决完成任务，共产党员干吧！"全体战士都异常振奋，毛主席把儿子送到虎口拔牙来了，我们还不敢拔老虎的胡子！大家表态说："专家同志，你下命令说怎么干吧！我们跟着干到底！"毛岸英对扫雷战士们说："时间很紧迫，我想把扫雷器固定在卡车前头，由我擎着它，排长同志指挥卡车，咱们把停车场扫一遍，赶出时间来，再扫所有的死角，我看这就等于把大停车场用手摸了一遍。"同志们谁也没言语，知道在卡车前头掌握扫雷器是多么危险的差事。岸英站在最危险的地方一动不动，他擦着满脸汗水，注视着前方。

官兵们以大无畏的革命精神，神勇顽强，胜利完

成扫雷任务。扫雷排的任务完成了，每一个人都累得精疲力竭。下午五时，岸英他们的扫雷排，不顾一天一夜没合眼，在颐和园大门口集合时，他们看见毛主席、周恩来、刘少奇、朱德等中央首长的一行车队，陆续地开进颐和园，岸英看见中央首长在向他们微笑，他们感到很自豪。毛泽东的儿子，一个普通的战士，最先踏上了这伟大的具有历史意义的进驻北平的征程。

在北平开中央会议的陈毅，向朱老总要求派中央入北平城时的扫雷专家到南京排雷。这样，毛岸英就随三野解放大军进入了国民党老巢南京。排雷人员在完成了蒋介石伪总统府扫雷任务不久，陈毅老总到上海担任市长，又把毛岸英调到上海去排雷。毛岸英进入上海之后感慨万千，离别13年的上海，更加穷困了。在这里他流浪五年多，岸青在这里被打成重伤！一跨入上海，他就发疯一样飞快地跑到岸龙生死不明的地方寻找。他在梦里有过在这里找着小弟的幻影，他在住过的大同幼稚园周围，在附近的医院，转了一圈儿又一圈儿……但是他失望了，他在行人当中没有寻找到那张熟悉的面孔。于是他到郊外采集一大把花草，亲手扎个花圈，带到当年和岸青流浪过的黄浦江边，把花圈投入波涛滚滚的江中，他在心中向小弟说："共产党胜利了，新中国建立起来了！小弟，我好想你呀！"

这时陈毅老总收到中央电报，要扫雷专家立即返回北平。他在邀见扫雷人员时才知道，扫雷"专家"竟是毛泽东的儿子毛岸英，陈老总紧紧地握住毛岸英的手称赞说："岸英，你是毛主席的好儿子！"

毛岸英迅速地赶回北平，全身心地又一次投入保卫中央首长安全登上天安门的工作！

岸英每星期都要和思齐一起去看望父亲。毛泽东尽管工作非常忙，可他还是喜欢抽时间与岸英他们聚一聚，儿子在他的心目中已完全成熟起来，他越发对岸英寄予了厚望。

这天岸英又去中南海丰泽园看望父亲。父亲对他招一下手说："思齐没来？"他忙回答说："爸爸，思齐学习忙些。"父亲十分动情地说："岸英，你和思齐的事要操办。你和思齐妈妈说说，现在是供给制，不要花钱买东

△ 毛岸英与妻子刘思齐结婚照

西了。她想请谁来都可以,来吃顿饭。"他想得很全面。岸英高兴地离开父亲,去找刘思齐商量婚事。

结婚的好日子,经父亲同意定在 1949 年 10 月 15 日。简单的婚礼宴席结束后,毛主席拿出随身带来的一件黑色大衣,这是他去重庆谈判时穿过的,他风趣地笑着对岸英和思齐说:"我没有什么贵重礼品送给你们,就这么一件大衣,白天让岸英穿,晚上盖在被子上,你们俩都有份。"在场的人都忍不住大笑起来。

岸英和思齐陪着客人去看新房,那是机关宿舍的一个普通房间,门上贴着大红喜字,房里的摆设极其简陋。床上只有两条被子,其中一条还是思齐作为嫁妆带过来的,除了些日用品,再没有其他奢侈的东西了。

婚后岸英感到非常甜蜜,工作也非常忙,他经常为中央领导当翻译,陪同外国专家参观考察,还要为父亲翻译一些资料。他把从苏联带回的两箱子书，摆放在床头自己做的书格子里。他告诉思齐这些书来之不易，是他在苏联节省下津贴和零用钱买的。最让思齐注目的是他那本带有血泪回忆的《学生字典》，放在书格最显眼的地方，几乎每天他都要用手摸摸。他每天学习时事、政治两小时，如果在机关里没时间学习，就把功课带家里来学习，可以说是雷打不动。他的新计划是夫妻合伙攒钱买书，第一批要买的是有关金属冶炼、机器制造的书籍和新出版的初中到高中的物理、化学书，岸英决心攻几年技术。本来思齐的计划是给他买辆新自行车，结果岸英只是用了一点点钱买了块雨布给思齐用，大部分钱都用来买书了。

婚后数月，经岸英多次要求，后经毛主席、周恩来批准，岸英到湖南探亲回京后，从中共中央社会部调到北京机器总厂，担任党总支副书记。

⊕→ 亲情·乡情

★ ★ ★ ★ ★

岸英不管怎样忙，他都要抽出时间去看望父亲，他知道父亲太忙太累了。近来他和父亲见面，总是见父亲皱着眉头，父亲是很少皱眉头的人，莫非有什么事？一天，父亲当着儿子的面终于敞开了心扉。他一边吸烟，一边重重地拍拍桌上的一摞子信说："这是滚滚三股洪流，向我毛泽东冲来了。"岸英没有言语，知道父亲在思考对策。父亲过了一会儿才说："一股是文家，一股是杨家，一股是毛家，都认为咱们坐了天下，都伸出手来讨官要官。因为都是穷家子弟，才没来向我买官，可是也送来了土特产。这可怎么办呢？我哪有那么多的时间写回信！我们可不是蒋介石，一人得道，鸡犬升天哟，如果我们也搞起许官、封官来，那样咱们就不是共产党喽！"

岸英真是心疼父亲，沉思一会儿后说："爸爸，我按你的意思，在建国前就回了几封信。我想他们会思考一些问题的。爸爸，你太劳累了，我想有机会回韶山和板仓一次，把咱们的想法告诉亲人，请他们谅解。"

毛泽东思考了一会儿说："信，还是要回的哟，他们认为咱们现在是打天下坐天下哩！不理他们，人家会说我们把这么多乡亲给忘了，似乎说我毛泽东忘'本'了；说毛氏父子没有一点人情味。不过这倒不怕，常言说：人正不怕影子斜。如果有去湖南工作的机会，你回去一次也好。你先把上两次写给你外婆和舅父的信，拿给我看看，你还有草稿吗？"

"有。"岸英很快把信拿给父亲看。毛泽东用宽大的手掌拿着信，一页页翻看着。当他看完岸英写给外婆、舅父的两封信后，连连点头说："写得好，写得好，有情有义。岸英啊，有情有义才是好男儿。"最后一封信是写给杨开慧母亲的亲属的，也可以说是杨开慧的嫡亲。姓向的舅舅托人要求岸英帮助他安排一个好的工作，岸英在信中进行规劝和批评，信中写道：

……反动派常骂共产党没有人情，不讲人情，如果他们所指的是这种帮助亲戚朋友、同乡同事做官发财的人情的话，那么我们共产党正是没有这种人情，不讲这种人情。共产党有的是另一种人情，那便是对人民的无限热爱，对劳苦大众的无限热爱，其中也包括自己的父母子女亲戚在内。当然，对于自己的近亲，对于自己的父、母、子、女、妻、舅、兄、弟、姨、叔，是有一层特殊感情的，一种与血统家族有关的人的深厚感情的。这种特殊的感情，共产党不仅不否认，而且加以巩固并努力于引导它走向正确的、与人民利益相符合的、有利于人民的途径。但如果这种特别感情超出了私人范围并与人民利益相抵触时，共产党员是坚决站在后者方面的，即"大义灭亲"亦在所不惜……

我决不能也决不愿违背原则做事，我本人是一部伟大机器的一个极普通极平凡的螺丝钉，同时也没有"权利"、没有"本钱"、更没有"志向"来做这些助亲戚高升的事。至于父亲，他是这种做法最坚决的反对者，因为这种做法是与共产主义思想、毛泽东思想水火不相容的，是与人民大众的利益水火不相容的，是极不公平、极不合理的……

"岸英，你这封信很有理性，也很有原则性，这我就比较放心了。你真该尽快回趟湖南了。"

就在岸英与父亲筹划如何回老家时，李克农命令岸英立刻陪他去湖北公出。机会来了，他可以半公半私回湖南了。

临行前，毛泽东把儿子叫到身边，爷俩都有好多话要说，要倾诉，毛泽东已有20多年没回故乡，岸英离开故乡也有20年了。临上车前，父亲还在叮嘱儿子："见了乡亲们要有礼貌，不能没大没小，辈分大的男人，叫声阿公，女的喊艾基，长辈喊伯伯、叔叔、婶婶、阿姨，同辈以兄弟相称，再一点要入乡随俗，不要有任何特殊，老百姓最不喜欢摆架子的人。"说罢，毛泽东拿出一个不起眼的皮包，让岸英带上，还说："这里的一些票子，是我多年的积蓄，看到真正有困难的亲属，你就见机行事吧，俗话说：'空手进门，猫狗不理。'总之，你看着办吧。"

岸英笑笑说："爸爸，我有钱。"他简直高兴得像个小孩子。

"你哪里来的钱？"父亲问。

"我和思齐攒的呗。"

"花钱别大手大脚哟。"

岸英随李部长到武汉，给部长当了几天翻译后于23日匆忙地赶到长沙。外婆（阴历四月初九）80大寿，阳历是5月25日。他到长沙后住在省委招待所二楼一间房子里，第二天他就跑到学宫街外婆家，他不让任何人惊动老人家，他一头闯进屋，扑在外婆怀里，像孩子一样又哭又笑，口里喃喃地喊道："外婆，外婆，我好想你啊!……"接着又抱住外婆的胳膊放声痛哭，又大声喊叫："妈妈，妈，妈妈，你好苦啊……"外婆哭着说："叫孩子哭几声妈妈吧!"舅舅、舅妈哭了，全屋子人都哭了起来。

过一会儿舅舅先擦擦眼睛，把话引开说："小岸英，你咋没把爱人一同带来见外婆呢?"岸英止住哭声不知怎么回答才好。

舅妈给岸英揩着泪水说："下次要抱个小重孙儿，来见祖外婆哟。"

外婆满脸带泪破涕为笑了，老太太 80 岁了，仍然耳聪目明。岸英这才对外婆说，思齐在读书，请不下假来，但她非常想念外婆。岸英对舅妈李崇德感情很深，舅妈是瘦小体弱的女人，可当年她一路上保护他们去上海，现在想起来她像只很有力的大鸟在护着他们三兄弟。他们又谈起三兄弟在上海那段悲苦的生活……

外婆 80 寿诞这天，岸英传达父亲的安排，举行个小型的庆祝会。省里主要人物都到场了，出面祝贺，岸英不同意在会上说为他还乡接风洗尘的话。他亲自把父亲的信当众宣读：

向老太太尊鉴：

　　欣逢老太太八十大寿，因令小儿岸英回湘致敬，并奉人参、鹿茸、衣料等微物以表祝贺之忱，尚祈笑纳为幸。

　　　敬颂康吉!

　　　　　　　　　　　　　　毛泽东

　　　　　　　　　　　　　江　青

　　　　　　　　　一九五零年四月十三日

外婆听着连连点头，表示高兴，因去年王稼祥夫人给老人带来毛泽东一封信，老人曾当面打听毛泽东的妻室。因此毛泽东在这封信中写上江青的名字，以回答老夫人的惦念。

　　岸英时刻怀念着死去20年的妈妈，很费劲地说服外婆不要陪他去板仓，老人家很明白外孙的意思是怕她伤心过度。她要外孙在妈妈的坟前多磕几个头，不要哭坏了身子，这才放岸英和舅舅、舅妈从小吴门火车站乘车北上。他们在白水车站下车，在小旅馆里住一宿，第二天向白水进发。40里乡村大道要走半天，岸英迈上这条路，感情就有些控制不住了，他和妈妈当年就是由这条路被押往长沙的呀！路上妈妈不停地被匪军官用皮鞭抽打，他不住地扑在妈妈的身上，喊叫道："不许打我妈妈！不许打我妈妈！……"他的身上也不知挨了多少鞭子。在半路上妈妈满嘴含血，渴得抬不起头来。在匪兵们去老百姓家抢饭吃时，他偷着去给妈妈找碗水，妈妈刚把碗端在手里，水碗就被匪军官用鞭子打掉在地上……快到板仓了，这里每棵树木、每块石头，他都熟悉，他在这里上过学，和小朋友玩耍过。妈妈去村外农校讲课，他追赶过妈妈要喝口葫芦里的革命水！可今天路边的一切景物在他满含泪水的眼里全模糊了。进了家门，推开门的响声，使他从回忆中惊醒，好像妈妈就站在屋里边等着他呢！可那空荡荡的屋子里，没有妈妈，连妈妈的气息也嗅不着，他用拳头敲着那隔壁木板墙，昏过去了。等他醒过来时，头枕在舅妈怀里。舅父端来饭，他一口也不吃，爬起身一口气奔向棉花山。岸英在"毛母杨开慧墓"的墓碑前，扑通一声双膝跪倒，泣不成声地嘶哑喊道："妈妈，妈妈，儿子回来了！真的回来了！我要为你报仇呀！报仇！……妈妈，我是岸英呀！岸青，他也会来看妈妈！可是，妈妈，我没有把岸龙看好呀……"他在痛哭时脑海里回想着开慧妈妈伟大的母爱。真挚的母爱永远敲击着心灵。舅父和舅妈把岸英搀扶起来，他不断叨咕道："妈妈，明天我再来看你！"他几乎是被架回板仓家的。

　　他回到板仓家中仍然没有吃饭。夜里他睡在妈妈的房间里，通宵点着爸爸、妈妈用过的油灯。第二天早晨，他在舅父和舅妈的劝说下吃了一碗饭。在妈妈读过书，他也读过书的杨公庙小学，当着赶来的上千农民讲了话："父

△ 1950年在北京机器总厂任党总支副书记的毛岸英

老乡亲们，我想念你们！20年前我妈妈杨开慧是被反动派杀害的，我想念着埋在棉花山的妈妈！我和弟弟是被老乡亲救下来的！如今世道变了，人民当家做主了，我们已经建立起以共产党为领导的新中国！贫下中农要翻身了，大家最关心的是不久就要进行土地改革！好日子在后头呢！……"舅父、舅母怕他过度悲伤激动，劝他早日到韶山去，他们只有一个愿望，要他下次再和岸青带思齐一起来。

岸英最后离开板仓，又在棉花山妈妈坟头转了几圈儿，他向妈妈说："我一定好好学习，好好工作，报答妈妈的养育之恩！"他恋恋不舍地看着棉花山上的青松翠柏，那天空飘着的洁白的云朵，好像停在妈妈的坟头青松上，让他想起当年他放飞的三只小鸟。

韶山是父亲诞生的地方，25年前爸爸和妈妈带着3岁的他和妈妈怀里抱着的岸青回到故里。父亲怕他影响妈妈抄稿，便在地上用树枝教他写字。先写"人"字，那时他感到这个"人"字很难写呀！那时他太小，现在想起来，已记不起韶山是个啥样子。省政府先是派一辆吉普车把他送到七里铺，再往前只有一条乡村路，村里已派人给岸英准备了一匹马。岸英很喜欢马，真想过过瘾骑马跑一程路，可他不能让村里陪着的同志受累，于是，自己牵着马走。他一路上讲了些新鲜事，大家走得就有劲儿了。再说，他听不少老乡讲"太子回乡了"，他感到吃惊，更不能骑着大马去见乡亲了。

岸英走到韶山峰下，在土地冲里，一栋栋茅顶泥墙的低矮的房屋，藏在青松翠竹中间，远看整个山冲葱翠如画，条条小溪弯曲得像盘绕在绿野上的银带，鸟在枝头唱，鱼在水中游，人在梯田里好像往天上攀。忽然传来山歌：

> "太子"回乡来，
>
> 山也笑来水也笑，
>
> 朵朵白云多开怀。

岸英听出这是用家乡话唱的，大吃一惊，心里颤抖起来，赶忙地唱道：

> 韶山儿子回乡来，
>
> 天也叩来地也叩，
>
> 养育之恩要回拜。

从密林中冲出一群佩戴着袖箍的民兵，一下子把岸英围起来。岸英扬起双手说："兄弟们，同志们！我是毛泽东的儿子毛岸英。谢谢你们来接我！"他举手敬军礼，然后和大家一一握手。

岸英刚到老家韶山，李克农部长便打来紧急电话，告知岸英北京方面要他迅速返回，并嘱咐岸英尽快把要办的事办完，好和他一起回京。岸英算了算，觉得时间还够用，他要在父亲的诞生之地，单独睡几宿。于是他自己动手，将祠堂大门上的两扇木板门摘下来，架在长板凳上，然后，在门板上铺了一层松软的稻草。第一夜他大半夜没睡，点起桐油灯，把父亲临来时开给他的名单看了又看，想了又想。

第二天起来，他来不及敲掉鞋上的故乡泥土，又踏上土路，绕到上屋场他祖父、祖母的旧屋，并在父亲和叔叔们住的屋里转了许久。整个旧屋也差不多快坍塌了。这时乡里同来的干部说："这些房子再不修就站不住

△ 1950年5月25日，毛岸英（右一）与外婆向振熙（坐者）、杨开智（中间站立者）、李崇德（后排左一）、杨英合影

了。"他说:"我来时,父亲说过,让我看看就行了。我回去转告父亲,我想父亲不会同意大修,先把漏雨水的地方苫苫草就行了。"

岸英工作效率很高,他按父亲开出的名单顺序,挨家去叩拜,他感到农村被国民党反动派破坏得太厉害了,人民生活太苦了,他每到一家都要讲土改,讲如何才能打碎千年封建枷锁,过上好日子。他尝了无粮人家吃的野蒿草和非常难吃的观音土。他在笔记本上重重地写下"要告诉省、县领导干部,赶快搞好土改!不能饿死人!"的话,用红笔画上许多杠杠。

岸英把父亲省下来的津贴和一部分稿费收入,分给了穷亲戚,有的一家给 5 元、10 元,最多 20 元。

几天工夫,岸英把父亲带给他的钞票全用光了,还把他自己的钞票和思齐给他带的钞票也用光了。

这时李克农部长派来了接岸英立刻赶回长沙的专车。岸英知道朝鲜发生了战争!

为了新中国

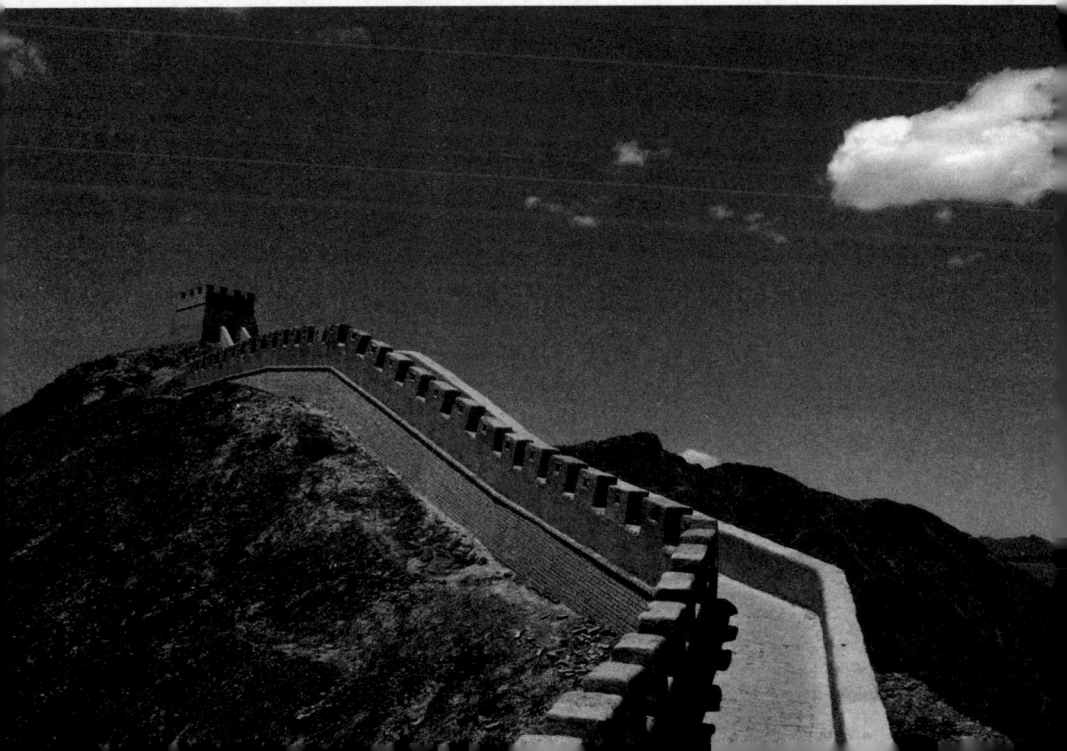

"好儿子，这个头是要带的"

★★★★★

　　毛岸英跟着李克农部长立即回到北京，并及时向父亲汇报了返乡的所见所闻。和儿子一见面，毛泽东就心疼地说儿子嗓子哑了，他想到儿子回板仓后，看到开慧妈妈的坟头会是怎样的悲哀！过了一会儿，岸英又绘声绘色地把家乡的山川地貌讲了个遍。父亲把所有认识的人都打听到了，有时深深地叹口大气，有时哈哈大笑。这时，岸英悄声地问父亲："朝鲜战局会有大变化吗？"

　　"尚不知金日成首相怎么看，那个麦克阿瑟可是狂得很呀，我想他要从仁川登陆，还要越过三八线，那就是对咱们来的哟！"

　　"爸爸，我们国家要是被人家逼到这种程度，我还要拿起武器上战场！"

　　岸英从湖南回来没几天便跟李克农去了趟苏联，去探听苏联上层对中朝求援信息的反应。从苏联回来后，在家里没有住上几天，他又随领导再次去苏联求援。

　　作为社会部部长李克农的俄语翻译，岸英最近随高层连续访苏，关于朝鲜战争方面的机密他都知道，此刻已到了中央作出最后决策的关键时刻了。他从秘书那里得知，如果中央作出中国军队出国的决策，首先需要确定的是司令员人选，他也知道林彪自己提出有病，不能担此重任。秘书说彭总已经接到毛主席的电报了。岸英十分崇拜彭总，他想在这历史的关键时刻，父亲怎么能想不到彭大将军呢！这个消息更激起他参军的热情。

岸英从中南海回到自己的家时，没有看见思齐，他想准是思齐太忙了。他把东西放下之后，想睡上一会儿，可横竖就是睡不着。他洗了把脸，转身又赶到中南海，这时已经是深夜了。父亲还没有睡，他正一边翻看朝鲜地图，一边思索问题。见岸英走进屋来，父亲向他摆一下手说："李克农打过电话了，看来斯大林的飞机也不保靠。兵是要出的，不然有一天，中国人在美国人面前，是会抬不起头的。"

岸英高兴地说："听说彭总到了，就不用指望林彪啦！"

"林彪，人家有病呀，余太君百岁挂帅，人家也没有带病出征嘛。"

"爸爸，彭老总了不起呀！我要跟他一起去打美国鬼子，求您跟他过个话。"

"为啥？"

"因为我是毛泽东的儿子，你不跟他说，他是不会带我去的。"

"你是我的好儿子，这个头是要带的！"爷俩这夜几乎长谈一宿，岸英怕爸爸太累，几次要走，几次又被父亲留住，他知道父亲心里惦念着下榻在北京饭店的彭老总，甚至他想到彭老总也会通宿不眠的。因为中华人民共和国成立才仅仅一年，百废待兴，困难重重。大陆尚未完全解放，战争创伤尚未得到医治，新区土地改革尚未完成，财政经济状况尚未好转，人民解放军的装备又远远落后于美国，苏联的军事援助又未真正落实……可是，如果不出兵，整个朝鲜若被美国侵占去了，对于整个东方世界是极不利的呀……天快亮时，岸英看父亲坐在椅子上睡着了，连忙悄悄退出书房，返身回家。

彭总被任命为中国人民志愿军司令员，即将被派往东北组织抗美援朝工作。

毛主席设家宴为彭德怀饯行，当警卫员把几个菜摆上桌时，他非要客人坐上座不可，并说："我请你彭老总喝的是喜酒，是我给岸英娶媳妇时备下的酒，就算祝贺我儿子的结婚周年吧。本来恩来是要来作陪的，他说兵马未动粮草先行，他连夜去做准备工作了。"他像家长一样说得格外亲切。

彭德怀满面笑容地连连拱手说："主席，谢谢你，这杯酒我喝定了，在延安时我就想喝岸英的喜酒。"

毛主席摆一下手说："上酒。"

毛岸英应声走出来，双手捧出一个小红坛来，酒还没有倒，香气就已飘满全屋。岸英走到彭总身边叫道："彭叔叔，你好。"他刚要往杯中斟酒，彭总用双手遮住杯子，笑着说："给主席先斟。"

毛主席爽朗地笑着说："哪里有先给家人斟酒的道理哟。"

毛岸英先给彭总斟完酒，回手又给父亲斟酒。爷俩对看一眼后，岸英放下酒坛悄悄地退出屋子去了。

毛主席和彭总举杯一饮而尽。毛主席给彭总斟酒，彭总站起身来说："主席，不敢，我应给主席斟酒。"他往前伸手去拿酒坛。

"你是我家的客人，这杯酒理应我斟，何况还有所求呢。"

彭总喝干杯中酒说："主席你这个家很圆满，岸英学习努力，会俄语、英语、德语和法语，还打过仗，当过农民，现在又在工厂里干，真是个有远大前途的好青年。"

"你过奖了毛泽东的儿子，理该罚你彭老总一杯。"毛主席笑着边斟酒边说，"你家不知他家事呀，我和岸英也有过矛盾呀。"他说得带有几分严肃，"不过，最近他倒是帮我分担了不少事。"

彭总喝着杯中酒说："我知道呀，是不是岸英给你处理不少老家乡亲们的来信？还有板仓你的大舅杨开智来信，都来向你这个大主席要官当，结果，岸英写了许多回信。"彭总说着从随身带的皮包里取出一张纸，他郑重地念道："新的时代，这种一步登高的'做官'思想已是极端落后了，而尤以

△ 跨过鸭绿江前夕的毛岸英——1950年10月在安东（丹东）烈士陵园

通过我父亲即能'上任'更是要不得的想法。新中国之所以不同于旧中国，共产党之所以不同于国民党，毛泽东之所以不同于蒋介石，毛泽东的子女妻舅之所以不同于蒋介石的子女妻舅，除了其他更基本的原因以外，正在于此；皇亲国戚仗势发财，少数人统治多数人的时代已经一去不复返了。"他念得十分动情。

毛主席摆手说："你这个老彭，读起孩子们的作文来了，这成不了经典之作，你从哪里抄来的？"

"岸英从湖南回来，还背回几斤小米，听说连米钱都付给乡亲了。"

毛主席听后哈哈大笑地说："哎哟，不得了呀，你彭总的情报好快哟，连毛泽东的家事都探听去了。这可是你夸他呀，我这个儿子不想在工厂干了，他想跟你去打仗，要我批准，我可没有这个权利，你是志愿军司令员，志愿军讲志愿，你看要不要收我家的这个娃，去当志愿兵？"

彭德怀被主席这一席话说得很激动，他一边给毛主席杯中斟酒一边说："主席，美国兵好收拾，由主席你指挥，由我们来打！我知道主席你身边也很需要岸英，他为你处理家事，还为你翻译俄语文章。"

这当儿，岸英不知啥时走进屋来。他从父亲的眼神里好像看到了什么，他赶紧上前说："彭叔叔，我给你当俄语、英语翻译是没问题的。"

彭总从主席和岸英的话中听出毛主席赞同儿子去朝鲜的意志很坚决，于是诚恳地说："主席，我想出国这开头一仗，真还有点像老虎咬刺猬——找不准在哪里下嘴。我想定会打得很激烈，也会是很危险的！"

毛主席很严肃地说："你想到朝鲜战场是很危险的，可是毛岸英是我的儿子，这个头我是应该带的，谁让他是毛泽东的儿子呢。"他用手敲了一下饭桌。

毛岸英恳切地对彭总说："彭叔叔带我去吧，我在苏联跟德国鬼子作过战，和苏联红军一起攻打到柏林。"

彭德怀转向毛主席，用询问的眼光看着，似乎在问：眼前这个兵，还得由主席亲自做决定呀！

毛主席又说："他是毛泽东的儿子，是要带这个头的。由我替岸英向你求个情吧。"

"那好吧，岸英，我收下你。不过，你要听我的安排。"彭德怀伸手拉毛岸英坐下说，"咱们是并肩作战的战友了。"随手用他的杯给岸英斟酒。

毛主席摆一下手说："岸英，再拿个杯子来，我为你们饯行。"

彭总站起身来说："主席，谢谢你的好酒，谢谢你的教诲，给我彭德怀壮了胆，我向主席保证，这仗一定打好，打胜！"他伸出一双大手，紧紧握住毛主席那扭转乾坤的巨手。

毛岸英已经站在彭总身后，他拿着件棉大衣对彭总说："彭司令员，这是给你准备的棉大衣，东北下了一场大雪，天气很冷呀。"

△ 1950年10月入朝参战前，在边境城市安东（丹东）锦江山公园烈士塔下，毛岸英（后排左二）与战友合影

"你不叫我叔叔了，那我就行使我的权利了，你到志愿军司令部工作，在我的身边，就叫你参谋吧。"

按照彭司令员的要求，岸英先回了趟家，然后赶到了医院。他此刻心里更加惦念思齐。她前几天得了急性阑尾炎，手术后他去医院看望思齐时，思齐告诉他工作忙就不要往医院跑了，再住几天她就可以出院回家了。

思齐虽说不让岸英往医院跑，可心里还盼着他来，看到他，心头就涌动着说不清的温情爱意。

岸英脸上挂着甜蜜的笑，坐在思齐对面椅子上，两眼盯盯地看着爱人。思齐扑哧一笑说："岸英，傻看个啥呀？不认识了？"

岸英说："思齐，我要去出差，去一个很远很远的地方，交通很不方便，接不到信别着急。估计这次出差时间会很长，我一时照顾不了岸青了，请你帮助多照顾他。"

稍过片刻，岸英又接着说："现在全国解放了，我们不会到处打游击了，你要珍惜这次的学习机会，完成学业后，为人民服务的本领就大了。噢，你要多抽出些时间去看爸爸，可别我不在你就不去了。"

思齐说："你要多带几件换洗的衬衣。"

他好像很随便地对思齐说："思齐，要多注意身体，要多花点时间学习时事，你知道朝鲜半岛不？"

思齐说："知道，那里不是正在打仗嘛。"

岸英没有再往下多说，只是重重地点了一下头。临走时他把思齐的手夹在自己的两手间深情地拍了几下："我该走了。"说罢他站起身来，"你别送我呀。"

思齐一边穿医院发的外衣，一边说："你把我当成重病号了？"她送岸英走到病房大楼的门口还不肯止步。

岸英用身子挡着秋夜冷飕飕的风说："思齐，你别送了，要着凉的。"

思齐紧贴着爱人的后背并没有停下来："我不冷，走吧。"她要送岸英到医院大门口。岸英拗不过思齐，无奈而缓慢地向医院的大门口走去。走到大门口，岸英突然转过身来，向思齐深深地弯下腰鞠了一躬，抬头见思齐还呆呆地站着没动步子，岸英才慢慢地伸直腰，两眼痴痴地望了思齐一会儿，拔起脚匆匆地走了。

➡ 棒水葫芦的阿妈妮

★★★★★

彭德怀司令员所乘的这列车，是志愿军出征的第一列车。

坐在火车上，彭总突然问道："岸英，麦克阿瑟自称是登陆将军，他是不是有些吹牛皮？"

毛岸英翻着外文资料说："麦克阿瑟在第二次世界大战时，在太平洋的莱特岛、吕宋岛、琉球岛、冲绳岛登陆战中有过出色的指挥。"

彭总接着问道："他是凭的陆军，还是空军、海军？"

岸英说："在太平洋战争中，美国空军、海军实际上威慑力量很大，可麦克阿瑟瞧不起空军、海军。"

彭总思考着说："再加上在朝鲜的这次仁川登陆，他就更牛气了，尾巴能翘到天上去，咱们只有充分地利用麦克阿瑟的骄傲打他一下再看，打得他谦虚点，不让他过好今年的圣诞节。"

秘书张养吾看彭总把全部身心都扑在这场战争上了，非常感动。他很有信心地说："彭老总，我看你会成为打败美国军队的第一人。"

1950 年 10 月 19 日，彭总换乘吉普车，带领着一个指挥班子随志愿军先头部队跨过鸭绿江大桥，沿着山路，贴近鸭绿江往东走。随后，毛岸英搭乘志愿军政治部首长的车，从长甸河口渡过鸭绿江，并迅速与彭总会合。

志愿军在鸭绿江南岸走过的所有村庄、城镇、桥梁、道路差不多都被敌机轰炸过，公路上炸弹坑连成片，挤满了向北撤退的人群，也分不清谁是官谁是民，乱成了一片。

20日早晨，太阳刚冒红，毛岸英随同彭总就匆匆赶往大榆洞附近的大洞，同金日成会谈。彭总在会谈前最关心的就是两个团的高射炮部队是否进入阵地。

当彭总听取高射炮团的团长和政委汇报工作时，毛岸英已被阿妈妮围住，他好像对每位阿妈妮都在行礼。有位身材矮些的阿妈妮，从背后的背架上取出一个包着棉布套的葫芦，双手捧给毛岸英说："志愿军，这是开水，喝一口吧。"毛岸英两眼盯盯地看着阿妈妮，双手去接水葫芦，那葫芦嘴的颜色该有多么诱人呀！他一下子想起牺牲的开慧妈妈那个水葫芦来了，他在心底叫道："妈妈！阿妈妮！"他把水葫芦抱在怀里，一股暖流涌遍了他的全身，他从阿妈妮头顶上的白毛巾和她那刻满皱纹的脸上看到了母亲般的慈爱、温馨和刚强。

此刻他含住葫芦嘴喝了几口水，水的温度、甜劲儿和香气使他联想到年幼时喝过的母亲的乳汁。他把水葫芦捧还给阿妈妮时，发现阿妈妮的胸前有血，他不由地说："阿妈妮，血！"阿妈妮明白了，她用手掌往胸前擦着说："擦不掉了。是泪水！不怕！"阿妈妮用洁白的袖头给毛岸英擦嘴角流出的水，眼里流出泪水。这位阿妈妮叫朴真真，从这一刻起，她与岸英结下了母子般的深情。

此时天空中出现了十几道白烟，敌人的歼击机群出动了。只见一位阿妈妮跑过来，她扑到毛岸英跟前，把身上披的白布单子递给他说："披上！飞机，高，看不见。"她说一口中国东北话。毛岸英有点不好意思地推辞说："谢谢阿妈妮，我不怕飞机。"他边说边往后退，一直退到大雪堆跟前。彭总笑着说："阿妈妮送来的就披上吧。别小瞧这白布单子，也许能把麦克阿瑟的飞机大炮弄迷糊了！"

一位阿妈妮看见大雪堆后边还有许多人，就亲切地摆着双手说："赶快蹲下身子，飞机吓唬人，不可怕。"她说着看了和毛岸英说话的彭总一眼，转身往回跑，一会儿工夫又和几位阿妈妮抱来十几条白布单子。她走过来说："首长同志，这白单子干净，披上吧。"彭总连声说："谢谢，谢谢阿妈妮们。"彭总亲手接过一条白布单子，又要毛岸英接过那些白布单子分给几个同志。他见阿妈妮们对他行礼，他可有些受不了，于是又双手抱拳说："谢谢阿妈妮！"他对在身边的翻译同志说："我可该说些啥呢？阿妈妮送来一些白单子，我们要不披那还得了吗，谁能伤母亲的心呢！"彭总看着阿妈妮们自言自语地说："我们的责任重大呀。"

毛岸英和总部的同志们往大榆洞赶。车没有开出多远，路就变成雪掺水、沙子掺雪的泥泞路，车轮子轧上去光转圈儿不走路，司机一边踩油门儿，一边喊："快打美国鬼子吧，我好开新车。"看来司机踩油门也没用，他跳下车来往四处一看，车陷在泥坑里了，他见路边上立着两块木牌，就想去把木牌踹断用来垫车轱辘。"等一等！"毛岸英见状赶忙下车上前制止，他走过去看了看两块木牌，只见一块木牌上画的是阿妈妮怀里抱着个孩子，迎面挑着美国旗的刺刀正向她刺过来，下边写着"人民军、志愿军救救我们吧！"另外一块木牌上画的是两架美国飞机在穿梭似的轰炸，阿妈妮身后背着孩子，正扶着木犁耕地，飞机把牛炸得飞起来了，阿妈妮倒在血泊中，孩子扑在阿妈妮身上，双手抓住阿妈妮的奶头哭叫。毛岸英止不住脸上的泪水说："不能动！"他从身上脱下棉大衣，垫在车辖辘底下，然后摆手让司机回到车上去。

吉普车晃晃悠悠地终于赶到了大榆洞。这里是一个废旧铜矿洞，志愿军总部设在这里。

入朝才几天，彭总就在"铜洞"指挥志愿军四十军——八师在两水洞与李承晚伪军遭遇，打响了入朝作战第一枪，很快地就吃掉敌人一个加强连。

听到遭遇战的胜利消息后，彭总高兴地说："打得好！报告毛主席，把10月25日这天定为志愿军出国纪念日吧，这是八师和四十军的光荣。"

驻在云山的美军骑兵第一师闻见了火药气味后，还没等开枪就开始调动云山外围的坦克、汽车，看样子步兵要往后移动。志愿军三十九军主力，这时已经咬住了美骑兵第一师，按计划原打算当晚7时30分发动总攻！当侦察员发现敌人已开始调动兵力，并及时向军首长报告情况后，军首长请示是否提前投入战斗，彭总当机立断，同意下午5时发起攻击！

命令下达后，有的连队战士正在开饭，他们把碗里的饭又放回锅里，抓把饼干说："打！为朝鲜老乡报仇！空着肚皮也能打败美国鬼子。"

在云山战斗中，我军歼灭美军骑兵第一师八团的大部及李承晚第一师十二团一部，毙伤和俘虏敌军共2000多人，其中美军1800多人，还缴获汽车、大炮及许多轻重武器近万件，飞机4架。

彭德怀司令员带领总部人员赶到云山小城视察。毛岸英非常喜欢美军的坦克，他爬上爬下地看不够。他对彭总说："司令员，我真想像攻克柏林那样，驾着坦克把美国佬赶回老家去。"彭总看岸英很兴奋，像个孩子，就拍了拍岸英的肩膀说："你现在是我的大秘书，要做的事多着呢，等我们彻底打败美国佬后，我一定让你开着美国坦克回家去。"

彭总和总部的首长夜以继日地下到军、师部队研究第二次战役的方案，并把麦克阿瑟准备大举进攻的方案一同报给毛主席和中央军委。

这天毛岸英拿着毛主席打来的电报，呈送给彭总批阅。彭总看着毛岸英高兴地说："军委、毛主席完全同意我们的打法。可见我们日夜没有白熬，我军的士气很高涨，和人民军也协调过了，我看还要和大榆洞周围的老百姓处好关系加深感情，等我们往前进攻时就更没有后顾之忧了。"彭总常对毛岸英说："毛主席和我们这一辈人都是吃小米活过来的，我们心中时刻装着人民。"

志愿军总部在铜洞扎稳营盘后，毛岸英就和保卫人员按照彭总的指示，深入到周围的朝鲜群众之中。他们首先去了山坡下松林后边的东林里，他发现村头孤零零耸立一座泥墙的茅草房子，从一块破玻璃窗处露出一张孩子的脸，她眨着惊恐的眼神看着毛岸英这些人。紧接着，他们听见东房山有响动，走过去一看，见是一位阿妈妮吃力地扯根绳子，从井里往外捞石头块儿。

毛岸英认出是给他水喝的朴真真阿妈妮，他赶忙问道："阿妈妮，你在打井？"

阿妈妮扔下绳子，赶忙大声地喊："小龙女，把水葫芦抱来。"那个叫小龙女的孩子，从屋里抱出套着棉布套的水葫芦，阿妈妮接过水葫芦对大家说："志愿军同志，这是热水。"他一一让毛岸英他们喝水。阿妈妮问道："你姓啥？叫啥名？"毛岸英笑着回答："阿妈妮，我姓志呀，叫志愿军。"

毛岸英看见眼前的"小龙女"，心猛地颤动一下，他想到自己的小弟岸龙来了。

这时，同志们听阿妈妮指着井说，因为美国鬼子要打进村子了，他们村里家家都把井用石头囤死了，他们不能给鬼子一口水喝。现在志愿军来了，她们家家都要把井里的石头捞出来，他们要给志愿军送水。毛岸英帮助阿妈妮把井里石头捞出来。之后，他们又去帮助别的村民家捞井里的石头。

这天，敌机突然出现在大榆洞上空，岸英他们听见防空哨兵的枪声时，飞机的翅膀已掠过他们的头顶。毛岸英抓起一本俄文版的《列宁文集》冲进森林，坐在一块石头上，聚精会神地看起书来。飞机在头顶上空盘旋一圈儿之后，忽然像打雷下雨似的扔下一串串炸弹，毛岸英身边的森林起了火，他竟没有发现，还在聚精会神地看书。张养吾跑来找毛岸英，扯破嗓子喊："岸英！岸英！"这时朴真真阿妈妮领着十几个阿妈妮敲着炸弹壳，大声地喊：

"志愿军同志！志愿军同志！"她们知道森林里遭到轰炸，担心志愿军同志受到伤害。

听到喊声，毛岸英才发现周围已经燃起了大火，他夹紧大衣抱着书边跑边喊："同志们！快扑灭山火！"他把书揣在怀里，穿上大衣掰下一根松枝，猛劲地抽打着火苗。

朴真真阿妈妮用袖头不住地给毛岸英擦脸上的黑灰，毛岸英心中又感动又不安。他从阿妈妮手中接过水葫芦，一连喝了几大口水，才压住了胸中的闷气。

这时阿妈妮说："天气冷了，飞机再来你们要多跑几步到我家防空洞来。"

毛岸英看着阿妈妮连连点头说："谢谢阿妈妮！行啊，行啊。"他向阿妈妮深深地施了一礼。

志愿军保卫部门对大榆洞一带的附近村屯都仔细地摸过底，朴真真阿妈妮一家都是朝鲜的革命者。在抗日战争年月，她随着老父亲在中国东北参加金日成领导的抗日游击队，她男人在游击队里搞交通工作，后来被鬼子兵的子弹打中，献出了宝贵生命。朝鲜北方解放之后，朴真真阿妈妮全家回到家乡。谁知，美帝国主义发动了侵朝战争，阿妈妮的儿子、媳妇、女儿、孙子都参加了反侵略战争，儿子和女儿牺牲了，媳妇和孙子也失去消息。她带着小孙女坚强地参加阿妈妮担架队，还参加过运输队。中国人民志愿军过江后，她成了向导，组织阿妈妮维护治安，帮助志愿军做了很多事情。

朴真真阿妈妮从打见着毛岸英，就感到他威武中带有文雅，是典型的中国英俊的青年。她见毛岸英下到井里捞石头，又那么喜欢小龙女，还大口大口地喝她水葫芦里的水，她就格外喜欢毛岸英。每次敌机来轰炸，她就跑进林子里去找毛岸英，见毛岸英披着呢子大衣在读书，她就把毛岸英拉到她家防空洞去，洞里烧着黄泥小火盆，暖暖和和的，有时她还给毛岸英和小龙女烤土豆吃。毛岸英感到阿妈妮就如同他的亲生母亲一样，当阿妈妮问到他的爱人思齐时，他说："我入朝时她在医院治病呢，不然也就和我一同入朝打美国鬼子了。"阿妈妮说毛岸英心太好了。

因为张养吾熟悉西北的工业建设，要调回国内工作，岸英的担子更重了。在张养吾回国时，毛岸英说要写封信带给爱人刘思齐，在时时刻刻神经都紧张的战场上，他只能找点空隙写上几句。

岸英多么想把自己对这次朝鲜之行的经历和感想告诉爱人啊。他对眼前这场战争，从第一次战役后更加充满了信心；而他对驾驭这场战争的主帅彭德怀司令员，更是五体投地地钦佩。彭总日夜思考太辛苦了，让人看着心里都疼。可以看得出，麦克阿瑟不是彭德怀的对手。毛岸英感到中国人民志愿军是世界上不可战胜的伟大军队。

他从志愿军身上，看到为祖国为人民的英勇献身精神的闪光，看到中华民族的优秀子孙顶天立地、大义千秋的气概！血与火的战场，也使他更加深切地懂得了人生的价值！我们的战士放下锄头来到战场上，不打仗时猫在堑壕里一声不吭，用粗糙的手卷着关东老旱烟，在敌人的布雷区，当一个战友被炸倒时，他们会扔掉手中尚没点着的关东老旱烟，纵身跳入地雷区打滚，引爆地雷，用自己的血肉之躯为战友扫清道路。尽管敌人装备都是现代化，但在这些滚雷英雄为代表的无敌军队面前也不得不弃下军旗，打出白旗，跪在坦克上磕头求饶。

他很想把同彭总在一起工作战斗时的感受告诉父亲。他亲眼看见彭总这位老将军，累得用双手按鬓角，双手捣着胸脯，脸憋得通红，甚至咳出血来。他曾对彭总说："彭总，你把心血快熬干了！"彭总摇头说："岸英，我吐一口血不要紧，可战士要少流血呀。"

毛岸英在一段长长的沉思中，他的笔还没有落在纸上……

防空警报汽笛拉响了，从响动听出敌机临近了，是从东海岸飞来的。毛岸英他们赶忙往山下松林里跑去，他们钻进松林之后，毛岸英大喘气地坐在石头上。就在这时东林里小村子被敌机轰炸了，立刻冒起一股股黑烟，毛岸英猛地站起身来喊道："阿妈妮村子被炸着火了！快去救火！"大家随着他的喊声，拼命地往村子里跑。毛岸英最先跑到村里，果然是村头朴真真阿妈妮家的小房被炸中了，大家跑到近前时见阿妈妮被黑烟熏倒在门槛里，火苗从门口往外冒，眼看草房顶要被烧塌下来。毛岸英扑到阿妈妮身边，用全身力气把阿妈妮背出门槛。这时窗户被烧崩了，火势烧得更旺了。阿妈妮脸上流着血，她指着即将倒塌的房子以微弱的声音说："小龙女……"毛岸英和几个战士扑进火坑，扒开窗户，毛岸英从炕上抱起被砸昏迷的小龙女冲出火海，把小龙女安全地放在地上，他自己已经被浓烟呛得大口地喘着气。阿妈妮扑上前抱住毛岸英双肩，大声地叫道："儿子！儿子！"她放声痛哭起来，毛岸英很激动地说："阿妈妮，我们在这里呀，没有什么可怕的！"

为了抢救小龙女，他们把孩子抬到前线卫生队，医生说得赶快输血。志愿军医院有血浆，但是还没有运过江来，只有立刻组织输血。毛岸英的血型和小龙女一样，他和战士们一起为小龙女输血，小龙女终于被抢救过来了。毛岸英和战士们又日夜地忙着，把阿妈妮的小茅草房给修好了。事后阿妈妮到部队来感谢。从此阿妈妮对毛岸英的感情更深厚了。

⊙→ 普通一兵

★ ★ ★ ★ ★

　　彭总在第一次战役后，始终采取天上地下故意示弱，纵敌和诱敌深入的战术。在没有进攻之前，要粉碎麦克阿瑟用飞机轰炸来扰乱人心，进而寻找志愿军的主力的企图。彭总决定迎合麦克阿瑟的心理，派出一批工兵，不断地抢修被炸断的桥梁和公路，这样就使麦克阿瑟认为志愿军要从正面向他进攻了！

　　彭总要毛岸英和作战参谋人员深入高射炮部队了解情况，他极其严肃地说："战争这盘机器，有一颗螺丝钉拧不紧，就可能出大问题。安定下来之后，我也去高射炮阵地看看。"岸英知道彭总的脾气，凡是他说过的话都要落实，因此，为了彭总的安全，他不放心，还要亲自去高射炮部队布置一下。

　　毛岸英和警卫战士坐上插满树枝的吉普车沿公路开去。昨夜，B-29重型轰炸机扔下的重磅炸弹，把公路前面的一座桥炸断了，炸出的大坑有两丈深，坑底汪着冰水。他们的吉普车在离桥不远处停下了。毛岸英和警卫战士从车上跳下来，向正在抢修这座桥的高射炮部队的战士们走去。这是一条水泥墩子和水泥构造的桥，距离江面有十米高度，从鸭绿江北岸用汽车运来的枕木，放在桥边上先挖好的防空洞里，敌机飞来他们就藏起来，敌机飞走时，战士们就争分夺秒地架木垛子，在敌机翅膀底下抢进度。

毛岸英他们刚到桥跟前，就响起了空袭警报，紧接着成串的炸弹扔下来。警戒战士连着啪啪打了两枪，大声地喊："快钻防空洞！"就在毛岸英他们钻进防空洞的同时，有两颗炸弹落下来，一颗正好炸中还没有架好的木垛子上，黑烟滚滚烧成一条火龙，另一颗炸弹落在紧挨桥墩的江水中，没有爆炸，只见江水里咕嘟咕嘟地冒水泡。连长将旗一摆大声地喊："放安全火！"顿时在桥周围连烟带火烧上天空。敌侦察机被地面上烧的汽油冒出的黑烟骗得飞走了。战士从防空洞里钻出来，一边扑灭木垛子上的火，一边连声大骂："美国鬼子飞机太坏了，扔下一颗定时炸弹！"

连长走过来认出是总部的车，对走出防空洞的毛岸英说："参谋同志，是路过吗？你得学会和飞机藏猫猫。"他和毛岸英见过面，说起话来也比较随便。

岸英说："连长，我是来办公事的。"

连长说："是来检查我们的阵地吧，让指导员陪你们去，我得去找那颗定时炸弹。"说完抬腿就跑，眨眼工夫钻进滚滚的黑烟里。

岸英也跟着跑向被炸坏的大桥，跑着跑着明白过来，方才连长喊放"安全火"，是我们放的烟幕弹。

毛岸英透过烟雾看见连长脱下大衣，跳到水里去摸定时炸弹，接着，又有两个战士跳下去。江面冻有半尺多厚的冰，被炸弹炸开几个大窟窿，跳进冰水中的人，在没脖子深的水中，像摸鱼一样，不时地把脑袋扎进水里，摸一会儿爬上岸来，用皮大衣裹上身子，脸白得像张纸，冻得浑身打哆嗦。

毛岸英赶到近前时，一个战士摸着定时炸弹了，大声地喊："连长！我摸着这个家伙了！"连长和另一个战士扑上前，三个人同时抱着定时炸弹在冰水中摆晃，要从淤泥中把炸弹拔出来，却要费很大的劲。这时天空又发现了敌侦察机，岸上的人都钻进了防空洞，冰水中的连长和两个战士，把脑袋缩在冰水中。如果这时定时炸弹爆炸了，这三个勇士就会粉身碎骨！

敌侦察机又飞过去了，冰水中的三勇士冒出头来，不知道他们用了多大劲儿，把一颗有一米长盆口粗的定时炸弹抱出水面。岸上又有两个战士同时跳下冰水，用绳子拴住定时炸弹的风翅，有几个战士扯绳子往岸上拉。毛岸英跑上前去拽绳子，指导员认出他是总部的同志，忙上前阻拦说："同志赶快躲开，这很危险！"毛岸英执拗地说："我也是志愿军呀！"

定时炸弹被捞上江岸了，连长让大家都躲开，他和另两个战士把定时炸弹扛起来，拼命地往江岸背后跑，因为谁也不知道它啥时候会爆炸。毛岸英也冲上前去，抱着定时炸弹的尾巴拼命向前跑，他已经听到定时炸弹肚子里发出咔咔的响声！毛岸英跑着跑着好像头顶上天低了，脚下大地颤抖了。大约跑出有五百多米远，连长才哑着嗓门下命令说："放下！"他们把定时炸弹放在一片雪地上，连长又喊："快跑！"他好像掌握着定时炸弹的爆炸开关。连长一只大手抓住毛岸英猛劲跑着，好像把毛岸英提得双脚快离开地面了。

一口气工夫跑出很远，回头看见定时炸弹在地上打磨磨转儿，接着穿出一股蓝烟，连长赶忙用大手把毛岸英脑袋按倒下去，就在这当口定时炸弹爆炸了，江滩上的鹅卵石被炸得满天飞，像下了阵暴雨。

连长这才瞪大眼睛对毛岸英喊："谁批准你们总部人干的？"从他的口气听出，他很喜欢这个青年人。

毛岸英和连长走向公路桥时，战士们又开始抢修桥墩的木垛，连长脱掉挂冰的衣服，又跑过去找枕木，一边跑一边喊："指导员，你陪参谋他们去看看阵地！"高炮连指导员领着毛岸英来到山坳里，指导员说整个一个团的高射炮都隐蔽在这里，岸英看到一门门高射炮插满松枝，密得炮盘挨炮盘。他见到刚从山顶上跑下来的炮团团长，不解地问："大炮摆这么密，要被敌机发现目标，投下来一颗炸弹不就全报销了吗？"团长笑笑说："挨着树林摆着反而安全，开飞机的美国鬼子，他们认为只有傻瓜才会这样摆放高射炮，咱们敢利用这种心理反而安全。说来大炮在没有进入阵地之前，就怕地面上特务指引目标，不过我们今夜得把大炮推上山尖儿去，进入阵地就啥也不怕了！"听口气他很轻松、很自信。

毛岸英又问："这山尖儿距离地面有多高？"他不由得吸口大气。

团长望着山尖儿说："有540米高，因为我们这是老掉牙的762高炮，打水平投弹的B-29重型轰炸机，打上去的炮弹高度不够，竟成欢送炮。彭总要我们炮响敌机落，我们开了几次诸葛亮会，要给大炮长腿。敌机想不到我们会把上万斤的铁疙瘩拉上山。"

毛岸英对高炮团长说，彭总非常关心高射炮首次对空作战，这是夺取制空权的问题，他很可能要亲自到高炮阵地视察。团长不紧不慢地说："请首长们放心，我们夜里要把大炮拉到山尖儿上去，那样就安全了，再不怕敌侦察机来捣乱了。只是山上岩石太硬，修筑阵地要费些力气。"

天很快就黑下来了。毛岸英跟随团长往山坡上走，想看一看大炮是怎样上山的。昨夜的一场大雪，给高炮上山带来不少困难。上山没有路，只能顺着山坡边修路边往山尖儿上拉大炮。这困难被周围村子里的阿妈妮们知道了，太阳落山后，有上百名阿妈妮集聚在山坡下边，她们带来了背架和铁锹，在积雪中铲开了一条通向山顶的道。在朝鲜，真是能躲开星星月亮，却躲不开阿妈妮老大娘。战士们看阿妈妮们这么拼命铲雪，深受鼓舞，他们天一黑就开始忙活给大炮"搬家"。

第一门炮推到半山腰时，在拐个硬弯子的当儿，炮轮子把山上一块石头碾下来了，突然一万多斤重的大炮就随着往下滚动。在炮前边拉绳子的炮手因为山路滑，双脚使不上劲儿，在大炮后边的炮手虽然拼命地扛，可是脚下像抹了油，一直往下打滑。

毛岸英不由分说地扑到大炮跟前，他觉得情况危急，大炮要是顺原路滑下去，不但要把炮摔坏，而且在炮后边推着的许多同志也要被砸伤。大炮辘辘要是稍微再往旁一滑动、一倾斜，肯定连人带炮都得滑下山涧去。就在这千钧一发之际，毛岸英奋不顾身地扑向山涧那边的大炮辘辘，嘴里大喊："推住哇！"忽然间，他被人猛推一把，身子一斜坐在路边雪地上，一条黑影从他身边窜过去。只见此人向右一探身子，把后脊梁靠向大炮辘辘。他显然是想把正在滑动的大炮扛住，但是大炮仍然很快地向右滑动，眼看要把那个同志推下山涧去了。

毛岸英又迅速地爬起身来，见那个同志好像不知道脚底下就是深不见底的山涧，丝毫没有想到自己的安全，就一偏身子和那个同志背靠背地使劲儿扛大炮辘辘，他们的两双脚好像长眼睛一样，一齐伸向山涧边上的一块大石头。半个辘辘压在那个同志的后脊梁上，毛岸英见那个同志脑袋快被压得贴在大腿上，气都喘不上来了，他还伸出一条胳膊挡住毛岸英，偏着半面脸上气不接下气地喊道："你快躲开，别——别——别——动——我——！"这时扑上来三个战士，那个人喊："别动我，快用绳子！揽住炮！"经过一番生死搏斗，终于把大炮降伏住了。当卫生员给那人后背擦药时，毛岸英听那人说："我没伤着，快给总部的那个同志上药。"他腰还没有直起来又喊起口号：

大炮上山冈，嗨哟！

全凭肩膀扛。嗨哟！

大家一条心，嗨哟！

飞贼消灭光。嗨哟！

随着他的喊声，从山尖儿到山坡都在喊号子。

毛岸英被连队的卫生员缠住，非要给他上药不可，他赶忙说："同志，我是总部来的，我身上没有伤。"

卫生员说："我们连首长给我下的命令。"

毛岸英问："你们连长是谁？"

卫生员说："方才扛大炮辘轳的那个就是我们包连长，他是个老蒙古，要是骑在马背上，耍起马刀来，他能包打天下，比使用高射炮能耐大多了。"

毛岸英打心眼儿里钦佩这个连长，这真是个英雄人物，他身上肯定带着伤，可还关心别人上药呢。毛岸英感到背后有点丝丝拉拉地疼，也就没再拒绝上药。他被卫生员拉到小帐篷里，掀开衣服，看到背上只是擦掉一块皮。他刚上完药站起来，朴真真阿妈妮被战士背进帐篷来了。

朴真真阿妈妮看见毛岸英立刻扑过来，吃惊地问："怎么了？"她又像医生又像亲人般仔细地询问着。背她的战士又过来搀扶阿妈妮说："阿妈妮，快请坐下。"医生上前了解情况，原来阿妈妮在抢修公路时脚被砸成重伤。毛岸英对阿妈妮说："我只是碰破点皮。"阿妈妮的双脚包好后，毛岸英对那个战士说："这是我妈妈，我背她上汽车。"

毛岸英他们回身又去参加拉大炮，这时包连长在讲往山上推大炮的经验，他大声地喊："同志们，没有啥大不了的经验，就是脚上打滑，只要心有根脚下就不滑了。当然我还是有点土经验，就是每个人脚上的胶鞋，要横着捆绑上一绺稻草，就行遍天下无敌手了。"

不知不觉东方天边已有些发白。毛岸英和高射炮战士们，把一门门大炮拉上了山尖儿，眼看就剩最后三门大炮了，可就在这时，两架敌侦察机突然出现在不远的上空，大家赶紧跑进防空洞或附近的森林里。

两架敌侦察机从山顶一掠而过，战士们恨得咬牙晃着拳头说："你们没有多少日子疯头了，我们的大炮快要收拾你们了！"敌机这次又是盲目投弹，可恰巧把两颗定时炸弹甩在大炮上山的路中间，卡在石头缝里了。这就出了麻烦，谁也拿不准它啥时候爆炸，可三门大炮还在等着上山啊！炮团团长说，看来只有及时拆除定时炸弹一条路了。

团长的话音刚落，包连长就出现在定时炸弹现场了。只见他围着定时炸弹转了半圈儿，把身上的大衣甩掉了，又转半圈儿把棉衣也脱掉了，他走到定时炸弹跟前，把脸贴在定时炸弹上听着，忽然站起身来一边摆手，一边大声喊道："给我拿根长绳子来！"

他用绳子像绑只小猪似的把定时炸弹拴好，然后一摆手下命令："扯紧绳子！"他又喊起号子来：

这是一头美帝烂死猪，嗨哟！

这是草原上没翅膀鹰。嗨哟！

齐心合力把它拉出去，嗨哟！

让野狼来啃它臭骨头。嗨哟！

包连长双手抱紧炸弹，两膀加劲一晃荡，硬把定时炸弹从山石缝中拔出来了。接着，他让战士们把定时炸弹拉到山涧旁边，他解开绳子把定时炸弹推下山涧了！

过了约两分钟，只听轰的一声巨响，定时炸弹爆炸了。大家正看得出神，轰！那另一颗定时炸弹自己爆炸了，连烟带土崩起有两丈多高。

大家耳朵震得嗡嗡响，心想它自爆了就不用捞死猪了，等再定睛一看，这颗定时炸弹只是爆炸了上半截。这下子可麻烦了，怎么拉它呢？这半颗炸弹，浑身上下没有鼻子、环子，绳子无处拴。这时包连长扔下手中的绳子，让战士给他找来螺丝刀和铁钳，直奔定时炸弹而去。只见他走到定时炸弹跟前，嘴里叨咕道："死猪不怕开水烫，看我老包把你大卸八块。"山坡上的风吼叫着，雪花刮得飞扬起来，天气好冷呀！人们都把心提到嗓子眼儿了，也许一眨眼工夫，这半截定时炸弹就爆炸了！不知道啥时候，毛岸英也凑到半截定时炸弹跟前去了，他把身上的棉大衣脱下来，给包连长披在身上，动作比一片雪花还要轻。包连长咬紧嘴唇，眉毛都没有挑动一下，他一件件地把定时炸弹分解拆开。在场的人们，谁也没有计算他用了多长时间。只有以过人的毅力，过人的情感，过人的勇敢，过人的献身精神，以共产党人的忠诚才能坚持下去！

突然，"当！当！当！……"的响声把大家猛地震醒过来，这是包连长用手中的扳子猛砸炸弹的响声。原来他用双手拧开定时炸弹的铁皮，把那一肚子黑心零件，那一肚子黑炸药全掏空了！他在猛敲这个黑心肠家伙，向世界报告一个来自草原上的志愿军，把美帝的定时炸弹拆开了！这时包连长才注意到身上的棉大衣，他情不自禁地与毛岸英紧紧地拥抱在一起。

毛岸英很激动地说："你真勇敢！"他感到自己虽然扫过地雷，可怎么也比不了包连长这位英雄。

他俩在同志们热烈掌声中回到大炮跟前，全连战士一鼓作气把三门大炮拉上山尖儿。

毛岸英他们没有离开高射炮阵地，而是同包连长这个连一起抢修阵地。

毛岸英离开阵地时和战士们亲切话别，和连长、指导员亲切拥抱，并说："咱们的彭老总要亲自来视察高射炮阵地。"

整整一夜工夫，好像只是过了一瞬间，高炮连给毛岸英他们留下的印象终生难忘。

彭总视察高射炮阵地后很满意，他本想和高射炮团团长和政委再随便聊一聊，可总部打来电话，让他尽快回去。彭总对岸英说："回总部后，把这里的情况好好总结一下，主席还一直牵挂着呢。"岸英说："我想留这儿几天，再深入了解一些情况。"彭总说："那也好，你亲眼看看我们的高射炮是怎样打烂敌机的。"彭总坐上吉普车，又叮嘱了一句："一定要注意安全。"

我军按彭总的作战部署，以小部队节节抗击，引敌进攻。当麦克阿瑟以大机群向我小部队猛烈轰炸时，我东林里和苹果园一带的高射炮组成了强大的拦截火网！一场残酷的空对地、地对空的战斗打响了！一个回合下来，我军就揍掉两架B-29重型轰炸机。当敌歼击机掉头向苹果园假炮阵地冲击时，两架被打落，多架被击伤。

麦克阿瑟以为我军要发动进攻了，于是他就下令机械化大部队向云山、龟城一线进逼而来！同时大批的战斗轰炸机更加疯狂地攻击我高射炮阵地，展开了地面天空一场大混战！敌机连连射击，三架俯冲阵地的敌机被揍掉两架，后边另五架敌机吓得划着弧线逃跑了。

敌机红了眼，又从四面攻上来，在我高炮部队的反击下，有一架重型轰炸机被击中了，另一架重型轰炸机被吓破了胆，没有飞到投弹点就胡乱地把炸弹全甩下来了，掉头时竟和另一架重轰炸机相撞，只听一阵巨大的爆炸声，山尖阵地周围像开花一样，敌机粉身碎骨。阵地上的烟尘太大，观测员没法抓住空中目标，炊事班把锅里的水全都泼在阵地里，也没压住烟尘。

在这紧急时刻，东林里朴真真阿妈妮带领着背水的阿妈妮队上山了，她们用小瓢淘水往阵地上泼。

阵地里烟尘被水压住了，可是水立刻又结成了冰，走路打滑溜，除了炮手外，指导员、文化教员和毛岸英等都投入到往阵地里扬沙土的作业中。

毛岸英利用敌机逃逸的机会，来到了包连长的大炮连。包连长正在向全连战士下达命令："每门炮要灵活监视各方位，但要集中火力按一个方位射击，要打起不打落，打头不打尾！要快、准、狠地打中敌机要害！撕开敌机的层层编队，堵击住敌机的投弹点，封锁住敌机俯冲点。"顿时，高射炮的怒吼声与敌机炸弹的爆炸声搅在了一起，阵地的上空充满了浓浓硝烟。毛岸英抬腕看了看手表，高射炮部队和敌机在高空、中空、低空纠缠周旋了3个小时。

彭总打来电话，表扬高射炮全体指战员英勇奋战，这时团部通讯兵跑上山来，说是抓住几个开飞机的美国兵。团部问总部来的同志谁会说美国话，毛岸英赶快下山去团部。

山脚下，团部的吉普车正在等他，彭总在等审讯美国飞行员的消息，毛岸英让开车的战士加大了油门。可吉普车刚开出去不到两公里路，猛地刹住了。路边一帮阿妈妮像一朵朵大白花将一辆吉普车围在中间，几个志愿军怀里抱着枪，在和阿妈妮们说着什么。一个战士见毛岸英走下吉普车，赶忙走过来报告说，他们押着两个开飞机的美国鬼子，半路上被阿妈妮们给围住了！她们在问美国飞行员为啥轰炸妇女和儿童！

阿妈妮们要为妇女儿童报仇！美国鬼子被拉出车来，鬼子非常害怕，吓得跪下了，拉住志愿军战士不放手。毛岸英走上前一看朴真真阿妈妮在场，他先用英语对美国飞行员俘虏说："你们狂轰滥炸杀害了许多妇女儿童，你们哪里还有一点人道主义！你们发动的是非正义的战争，犯下了滔天大罪！"两个美国鬼子深深地低下了头。毛岸英向朴真真阿妈妮解释着志愿军的俘虏政策。他见阿妈妮的伤脚还包着呢，手里拄根木棍，身后背着背架。朴真真阿妈妮说服了其他阿妈妮们，她从背架里取出包着棉布套的水葫芦，毛岸英盛情难却地接过水葫芦，恭敬地喝一口水，然后给阿妈妮们深深地鞠了一躬。

这时一个战士拿着空水壶跟毛岸英说，有个俘虏要水喝，毛岸英便把水葫芦里的水倒过去一些，朴真真阿妈妮以为是战士想喝水，也过来帮忙。当一名美国飞行员从那个战士手中接过水壶时，朴真真阿妈妮冷丁一棍子把水壶打掉在地上了！吓得美国鬼子哇哇大哭，又赶忙撩起他们的皮夹克，在衣服里边缝着中、朝、英、日四国文字声明："我是美国飞行员，你能救我的生命，我会给你很多钱！"毛岸英用英语严肃地说："你们的金钱在这里没有用！赶快上车！"战士押解着俘虏上车走了。
毛岸英给阿妈妮们深深地施礼后也上车走了，朴真
真阿妈妮抱着水葫芦深情地招着手。

➔ 在烈火中永生

★★★★★

　　毛岸英押着的两名美国飞行员俘虏，一个是上
校军阶，另一个是少校，他们坐在车里很不安，一
直往车下看，他们是怕半路上再遇见朝鲜人民，因
为他们扔下的炸弹太多了……

　　毛岸英向对方交代政策，以便打消他们的顾虑。
两个家伙表示他们没有炸死朝鲜妇女儿童。毛岸英
生气地问道："朝鲜的村庄都让你们炸光了，怎么能
说没有炸死妇女儿童呢?! 我们的俘虏政策是保护你
们，但你们要老实。"两个家伙连连点头，要香烟抽，
毛岸英不会抽烟，于是从警卫战士手中接过半盒烟
递过去。上校一口口抽着烟，半晌没有吱声，只是
眨着灰溜溜的眼珠子，脖子不时地往长了抻，不时
对那个少校眨眨眼睛。那个少校就像有半辈子没抽
着烟了，几大口就把烟抽了大半截，咧着嘴角，两
个大眼珠一动不动，像一条被打伤的狼。

　　两个家伙都低下了头。岸英决定先从这两个俘

虏身上了解一些情况，于是他问道："你们为什么这样轰炸呢？"那个上校说："因为你们害怕飞机，我们用大轰炸就能打到鸭绿江边，回家过圣诞节。"毛岸英又问："就凭你们的轰炸能抵挡住志愿军的进攻吗？妄想吧！"那个上校一翻灰眼珠傲慢地说："美国空军的威力无比，我们的地毯式轰炸，地上连一头牛也活不成，可以扫清陆军前进的障碍，同时挡住你们的进攻。因此我们要轰炸！轰炸！继续大轰炸！"他说着狂妄地把手里的香烟抛起来。毛岸英冷笑一声说："上校先生，别忘了你们是被我们高射炮打下来的俘虏！"两个家伙缩回伸长的脖子，那个少校小声地叨咕一句："不可能吧？我们的侦察机厉害，已经探明你们没有打得那么高的高射炮，我们是飞机出了故障……"毛岸英抱起双臂，两眼蔑视地盯着眼前的美国鬼子，此刻他头脑里有个眉目了，看来美国空军这样傲慢轻敌，哪有骄兵不败的道理呢？

　　毛岸英向彭总先汇报了两个俘虏的情况，接着又叙述了高射炮团对空战斗的经过。彭总听完点头说："这样高射炮就形成了对敌人的威力，'高射炮打游击'很可行。"彭总赞许岸英能在对高射炮部队和美国飞行员的了解过程中，带回来对战争很有用的资料。这样的参谋和秘书是很优秀的人才。

　　彭总从多方面判断麦克阿瑟即将发动进攻了。彭总和总部首长经多次研究讨论之后，又派各种人员和朝鲜人民军协商，双方又派出人员再次深入实地侦察，志愿军总部在彭总亲自主持下，最后一次研究并确定了第二次战役的方案。

　　彭总从美军飞行员口中得到的情报，和对敌空军轰炸目标的判断，感到麦克阿瑟已经被装进了我们的口袋。

　　总部首长们判断，敌军还没有准确地发现大榆洞这里是志愿军总部，为了提高警惕，在前两天就下令安排，如遭到敌机空袭，司令部同志要躲进南山一座大铜洞里；政治部的同志要钻进山沟里的一座地下溶洞；距离"彭总作战室"300米远有一座可容纳五六人的小矿洞，这是总部首长藏身之所。

　　在这之前，毛主席曾经发过三次有关安全方面的电报，每次都是彭总亲自传达。电报中指示："请你们充分注意机关的安全，千万不可大意。"

彭总亲自和总部同志安排各部门的防空地点。

昨天夜里，彭总起草了对各军下达的第二次战役的作战命令。他要警卫员小郭去休息："你去好好休息一会儿，不然仗打响了，我跑起来你可跟不上脚。"可他却赶不走毛岸英，彭总不去休息毛岸英就说死不离开，彭总常常无奈地摇摇头，他对岸英是又喜欢又心疼。

他俩在这一段生活中相处得很亲近，一时不见面就很挂念。彭总对毛岸英的好学钻研精神很赞赏。

有一次，警卫班要吸收新党员，准备开会时唱《国际歌》，岸英找来中文歌词，唱了几遍后不住地说："噢，有些词不准确。"彭总很喜欢他这种钻研精神，有一次说："岸英，你工作与学习都抓得太紧张了，咱们这是前线，本来就很紧张，你要好好地休息呀。把你留在国内好了，你呀，你是个学习的好坯子。"毛岸英说："外语一撂下就忘没了。我学习不怕打憋，越憋越出智慧，就怕止步不学。"他在带来的英、法、德、俄外文《国际歌》歌词中琢磨着。他唱着俄语《国际歌》，又找法语、德语《国际歌》，一边唱一边翻译。有一次防空他钻进铜矿洞，敌机早就飞走了，他还没有离开防空洞，等他从防空洞回来时高兴地说："彭总，我觉得'起来全世界的罪人'，'罪人'译得不得劲儿也不准确。还有那'我们一钱不值'，我看是把自己说扁了。"彭总满脸笑容地说："你小子，可谓胆大包天，敢改《国际歌》！改完给我听听。"

又有一次，毛岸英从防空洞回来说："彭总，我觉得把'罪人'改成'苦人'好。"彭总思考着说："改成'受苦人'更好。"又一次防空回来，毛岸英说："彭总，'我们一钱不值'这句翻译过来，是'我们一点财产没有'，唱不上来呢。"彭总立刻说："没有财产啰嗦，就是一无所有呗。"毛岸英满意地唱起来了。

过了几天，毛岸英防空回来后又找到彭总，手里还拿着笔记本，他说："'新社会的主人'，什么是新社会的标准？"彭总说："你这是防空去了，还是改稿去了？"毛岸英说："这样钻研进去，美国鬼子飞机扔下一百吨炸弹，我也听不见的。"彭总说："岸英，你这是在搞'防空文学'，你这种钻研精神，跟你爸爸毛泽东差不多。"

志愿军司令员彭德怀为了第二次战役整整忙了三昼夜，毛岸英也跟着几乎忙了三昼夜，他们都没法入睡。东边天际露出了一大条白光，曙光就要来临了。

彭总看着毛岸英说："东方放白，小鬼咧嘴，熬过白天咱们就要麦克阿瑟咧嘴。岸英你该休息一会儿了，我已经打过一个盹儿了。"毛岸英其实已经很困了，有阵子，彭总催他去休息，他也躺下了，眼睛发涩，嗓子眼儿发干，就是睡不着。这是初次经历大战役、大战场的各级指挥人员的通病。他面对彭总的关心说："彭总，你打那个盹儿可够长的，就是打了个哈欠。"彭总说："老龙王打一个哈欠，世上就过一千年。岸英，咱俩白天都睡觉，等打完第二次战役咱们要睡它三天三宿！"毛岸英听彭总这么说，他转身就走出了作战室。彭总朝毛岸英背后深情地看了一眼，又伏在案头上计划、思考作战方案了。

毛岸英一觉睡过了吃早饭时间，这个时间按规定都要进防空洞。毛岸英坐起身来，本不打算抽烟，但见桌上有烟，感到头有些晕，就点上一支烟。他见窗外太阳升起老高了，听听天空没动静，就把睡在一个屋的高瑞欣叫醒了。高瑞欣睐睁地问："飞机来了吗？"毛岸英说："还没听见警报。走，去防空洞。"高瑞欣一边准备走一边说："今天是星期六，鬼子飞机放假不来了吧？"但他们还是去了防空洞。

藏在铜矿洞里防空的同志，感到无聊极了。时间一长，有人去大小便，有人蹲在洞口聊天。

此刻岸英最为担心的是敌人侦察机侦察到志愿军总部的位置，尤其是在第二次战役前夕。彭总讲过，这次战役可以说是入朝作战最为重要的战役，打好了，我们在朝鲜这场战争就胜了！打不好，我们就伤了将士们的锐气！如果让敌人侦察机知道了大榆洞是彭总所在地，麦克阿瑟会把美军所有的炮弹、炸弹都扔下来的！因此，在第二次战役的前夕，我军各部门就是要保证不能让敌方侦察到志愿军首脑所在地！麦克阿瑟认为志愿军总部仍在中国境内安东，所以麦克阿瑟才敢往前攻打。他们要是往后退，咱们没有人家美国鬼子腿长，就没办法打这场歼灭战。

毛岸英不时地站在防空洞边上看着"彭总作战室"，不时抬头看着天空，但他敏锐地感到敌机反常，好像有意这样挤压人们的心血，熬尽人们的意志。他很担心"彭总作战室"出问题！

有的同志见毛岸英有些烦躁，想到他早晨没有吃喝，主动把带的食物给他，可他怎么能吃得下呢？他知道大家都在为战役苦熬，不知道啥时候就投入战斗，不能吃同志们带来的东西。又过了一会儿，毛岸英和高瑞欣都有些耐不住饥渴了，毛岸英说："我去取些吃的东西和水来。"他大踏步往宿舍跑，高瑞欣也跟在毛岸英身后跑。谁知才跑出几步去，毛岸英又拐向"彭总作战室"，他一心挂念着彭总的安全。在半路上，他们见副司令员跑进作战室内去了。就在这时，天空已经传来低空飞机的声音。毛岸英心里很明白，听见低空飞机声，那就是说明它已经飞到头顶上了！此刻既不能往彭总那里跑，也不能转身跑回防空洞。谁料几架敌歼击轰炸机，高空、低空交叉着盘旋一圈儿后，向北飞去了，给人的感觉是虚晃一招儿，又轰炸鸭绿江大桥去了。毛岸英和高瑞欣见木板房那边有人，也跑了过去。此刻毛岸英想的是尽量跑得远一点，因为左边是"彭总作战室"，右边是防空洞，那里躲着很多同志，要是被敌人侦察机发现，那可就坏了大事呀！

不料4架敌歼击轰炸机低空盘旋一圈儿之后，见没有地面高射炮火射击，就掉头俯冲下来！

此刻，彭总还在全神贯注地用红笔勾画材料。敌人的歼击轰炸机盘旋一圈儿之后，几乎是贴着树梢俯冲下来，在这节骨眼上，洪副司令大声喊："彭总，快，快进防空洞躲飞机！"彭总把手中的笔往桌子上一拍说："你怕死呀？我就在这里！"洪副司令员说："不仅我怕死，我还怕你死呢！"他硬是把彭总从作战室拖进防空洞。

4架敌歼击轰炸机俯冲下来的同时，投下了大量的炸弹，迎着太阳像撒下无数闪亮的银花。毛岸英高喊："敌机投弹了！"他冲进木板房奔向房角时，炸弹已经铺天盖地落下来，一阵阵巨响之后，从天上撒下无数股火流，立刻把"彭总作战室"和木板房给吞掉了。

这次敌机投下的是凝固汽油弹，它有2000度的燃烧液体流，从里往外燃烧，发出噼噼啪啪的爆炸声，就是地上的石头都能烧红。炸弹四处开花地崩炸着，气浪涌动恶性毒气味弥漫着，周围已是一片火海，使人无法扑上前去。只有几分钟的工夫，作战室和木板房就被爆炸和燃烧化成灰烬。高空的敌侦察机仍然一圈儿圈儿地盘旋着寻找目标。

在木板房门前的两个同志，被爆炸气浪抛出了门外，也都摔伤、烧伤了。彭总在敌机投弹后冲出防空洞，从木板房脱险的同志向彭总报告：毛岸英和高瑞欣两同志牺牲在木板房里了！彭总两眼发愣，怔了一下，身子前倾险些摔倒。沉默很久，他才自言自语，声音很重地说："唉，万万没想到毛主席的儿子毛岸英和跟随我多年的年轻参谋高瑞欣就这样突然地离开了人世。"脱险的同志说："我们只听岸英大喊一声：'指挥室炸中没有'，就被气浪摔出房子了。"彭总大踏步奔向火场，洪副司令紧跟在彭总身后。如果敌机认为炸中了目标，跟踪连续投弹还会有危险！方才敌机没有找准目标，是盲炸。彭总往木板房疾走，洪副司令沉痛地说："岸英，他是怕冲出屋子给敌机暴露了作战室目标，怕对第二次战役有影响呀……"彭总站在现场一言不发，看着抢救的同志在火堆里扒着，他们身上的衣服烧着了，双手烧伤了。

彭总从参加抢救的同志手中接过毛岸英戴的手表，他低下了头，眼泪成串儿地流下来，他知道这块表的来历，岸英临行时去他岳母那里取来的，此时岸英遭受了劫难，但在彭总的心里这表还是分、秒、刻、时地走动着，

▷ 朝鲜平安北道桧仓郡中国人民志愿军烈士陵园内矗立的志愿军塑像

如同毛岸英同志的生命永世不息一样！彭总站在两个烈士的遗体旁，低头不语，心情十分沉重。是啊，几个小时前这两个生龙活虎的年轻人还在他身旁，可现在却永远离开了亲人，离开了世界。彭总的脚步有些蹒跚地走向刚刚搭起的临时作战室，两行泪水不停地在面颊上流，他显得苍老了，神色严峻而悲恸。

当彭总把刚刚收到的毛主席发来的电报拿到手上时，他的手颤抖了，上面指示："请你们充分注意机关的安全，千万不可大意。"彭总自言自语地说："我怎么向毛主席交代呢！……"

当天中午，彭总和其他人都没有吃饭，大家默默地伫立在分别安放着两位烈士的薄薄的棺木旁，垂首默哀。

麦克阿瑟认为他的侦察机是万能侦察，他的试探性大轰炸，更是成功，没有在他认为可疑的目标把志愿军的总部炸出来，他完全可以按原定计划，大举向志愿军发动陆海空立体进攻了！

志愿军总部作战室里，彭总扫视了一遍各部门的首长之后，怀着满腔仇恨地举起手，忽然，他把手一劈！惊天动地的第二次战役开始了！此次战役的意义，彭总在战后的自述中是这样说明的：

志愿军和敌军对峙的小股部队，突然变成千军万马，并以排山倒海之势冲入敌阵，用手榴弹、刺刀与敌人短兵相接混战在一起，使敌人优势火力不能发挥。我军奋勇冲杀，打得敌军人翻马倒，车辆横七竖八，阻塞于途……

此次战役取得了决定性胜利，共歼敌 3.6 万余人（其中美军达 2.4 万余人）缴获与击毁击伤坦克与装甲车 200 余辆、各种炮 1100 余门、汽车 3300 余辆，敌军狼奔豕突，放弃平壤，退回"三八"线。

此役确定了抗美援朝战争胜利的基础，收复了朝鲜民主主义人民共和国大片的失地。

彭总在毛岸英牺牲当天，立刻亲自拟电文稿：

"今天，志愿军司令部遭到敌机轰炸，毛岸英同志不幸牺牲！"

他对总部几位首长说："我的想法是要先向总理发电报告，毛岸英尸骨就埋在朝鲜，以志司或志愿军司令员名义刊碑，说明其自愿参军和牺牲经过……岸英不愧是毛泽东的儿子！"

按照彭总和志司的意见，志愿军总部的同志在大榆洞后山选好地点挖下两个深坑，用两口棺木把毛岸英和高瑞欣烈士装殓完毕。

彭总顶着刺骨的寒风走来了，他披件旧大衣，缓步走上前，弯腰摸摸两口棺木，然后点头示意把棺木放入坑中，他亲手捧上压在棺木上的土说："岸英、瑞欣他们都是年轻人呀！中华民族的优秀儿子！他们带着仇恨走了，他们都是经过了两次残酷的战役！他们俩都是新婚不久，高参谋跟我在西

△ 朝鲜桧仓郡郡园内的毛岸英烈士之墓

北战场好几年，是个能干的青年参谋，刚把他调到朝鲜才几天就牺牲了。他的爱人正怀孕。岸英是毛主席心爱的长子，他愉快地跟我一起来抗美援朝，参加志愿军入朝还不到 40 天就不幸牺牲。他给我读过多少宝贵资料，他给我宽过多少次心，他才 28 岁。岸英对第二次战役是有功绩的！"他为没有按照毛泽东、周恩来数次电报指示，修好坚固可靠的防空洞作为司令部，以致遭遇如此不幸而感到追悔莫及。他在寒风中一直站到把坟土培完。坟周围的积雪洁白如玉，在这三千里江山流下了中国人民志愿军的多少鲜血呀！

　　彭总离开时走得很慢，这时天空中出现了敌侦察机扔下的照明弹，爆炸似的纷纷扬扬地闪着亮光。警卫人员很紧张，彭总却反而停下了脚步，他扯一下身上披的大衣袖头，偏着脸扫视一下天空和大地，他说：“我还要和你们在天空、地面较量下去的。”

朴真真阿妈妮带着小龙女来了，她是听说敌机轰炸了大榆洞，她说是带小龙女来找志司秘书，志司首长接见了阿妈妮。她说小龙女把志秘书给写的书全背下来了，还要再补新书。

小龙女大声地背诵道：“长白山万顷松涛怒吼，鸭绿江千里波涛呜咽，中朝人民团结齐愤怒，赶走美帝侵略野心狼！”

志司首长对朴真真阿妈妮说：“感谢阿妈妮来看望，志秘书到前方去了！”小龙女临走时还在说：“志叔叔回来我会把这书背得很熟。我和他是一个血型，我身上流着志叔叔的血。”

在大榆洞的后山坡上，毛岸英和高瑞欣的坟头，培着很厚一层洁白的雪，成了洁白的坟。每次下雪，朴真真阿妈妮和小龙女都为坟头培上洁白的雪。

➡ 洁白洁白的雪

✩✩✩✩✩

在这年的春节前夕，彭德怀司令员要回北京，向党中央和毛主席汇报朝鲜战况。

彭德怀司令员回祖国的前一天，他步履蹒跚地踏着深深的洁白洁白的雪，来到掩埋烈士的地方。

身后跟着警卫员，他们留下无数行脚印。警卫员知道彭总到毛岸英烈士坟头来过几次了。当他们走到近前时，看见毛岸英和高瑞欣的坟被培上了厚厚一层洁白洁白的雪。在毛岸英的坟头雪地上写着"中国人民志愿军志秘书烈士永生！"在坟周围雪地上留下大小两种脚印，还有围着毛岸英坟头洒下的一圈儿又一圈儿的水，这使他们不由得想起了朴真真阿妈妮抱着水葫芦的情景。彭总潸然泪下地说："我没有照顾好毛岸英。"警卫员说："千千万万志愿军都需要你照顾！"他上前搀扶着彭总走下了山坡，老人家眼里满含着泪水。

北京城下了一场洁白洁白的雪，彭德怀在中南海向毛泽东主席汇报朝鲜战况。彭总本想一见面就把毛岸英牺牲的情况告诉主席，可是主席一见到彭总就非常激动，

△ 中国人民抗美援朝总会敬立的毛岸英烈士墓碑碑文

他对现代化装备的美军被志愿军打得如此狼狈而兴奋不已。他不住地说：
"我时刻想着我们的志愿军是怎样在这种艰苦的环境中作战，而且是顶着
敌人现代化的陆海空的炮火打仗！可见我志愿军指战员是智勇双全。"

这时，彭总看着面前已经58岁的毛主席，他的额头有些秃了，头发有
些稀了。他是一位伟大的领袖，但他也是一个有血有肉的人，而且是感情
极丰富的人。彭总虽然是一位性格开朗的军人，但他此时感到心中有些发堵，
他的浓浓的眉毛展了几次，还是皱成两个疙瘩。

这时毛主席发觉彭总心中似乎有话难以启口，于是爽朗地问："德怀，
你这个痛快的炮筒子，怎么也吞吞吐吐起来了？"他说着伸手抽了支香烟。

彭总嗓子有点嘶哑地说："主席！我要告诉你一个不幸的事情，是我没
有照顾好岸英，他牺牲了！主席，你让岸英随我到朝鲜前线后，他工作很积极。
可我对你和恩来几次督促志司注意防空的指示没有重视，致使岸英和高参
谋不幸牺牲，我应承担责任。我和志司同志至今还很悲痛。"他说着眼睛
里满含着泪水。

毛主席把香烟叼在嘴唇上，抽出根火柴几次没有划着，半晌另一只手
好像遮风似的点着了香烟，吸了一大口。又沉默了很长一段时间，他抽完
一支烟，又点上一支。抽完两支烟，他深沉地说："德怀，你我都是枪林弹
雨中过来的人，干革命总会有牺牲。不要因为岸英牺牲了，就当成一件大
事……"他熄灭了香烟，把手指头弯着数着说："我毛家杨开慧、毛泽覃、
毛泽民、毛泽建、毛楚雄，再有这毛岸英……他是1922年10月24日寅时
生，还不满28岁。5岁离开我，这才回来几年哟！他还跟我讲他母亲杨开
慧牺牲时的情景，他妈妈胸前那一片殷红的血。岸英说要为妈妈报仇！仇嘛，
中华民族近百年来受尽耻辱损害，这是国家的仇、民族的仇。"他语重情
长地说到这里，站起身来，把手有力地一挥！那种轩昂气度，不凡的性格，
使人油然而生敬畏，他不愧为心胸宽阔的伟人。

彭德怀缓解一下气氛说："岸英，他对母亲的感情是很深厚的。他在朝
鲜把一位阿妈妮从烈火中背出来，这一事迹使朝鲜人民感动得落泪。"

△ 毛岸英生活简朴，他的一件衬衣一年四季都穿在身上，夏天时把袖子剪掉当短袖衣穿，冬天再把它缝起来当长袖衣穿

　　"岸英是中国人民志愿军一个普通战士，不能因为他是我的儿子，就不能为中朝人民的共同事业而牺牲，哪个战士不是父母所生呢?! 这些牺牲的烈士中朝人民都会永远记住他们!"

　　"主席，我们志司的几个同志商量，打算给主席和党中央写份报告，把岸英埋在朝鲜。"

　　"岸英属于革命战士中的一员，你回去要讲岸英是志愿军一名普通战士。至于岸英的遗体没有运回国内，埋在朝鲜的国土上，这体现了我们与朝鲜军民同甘苦、共患难的革命精神，也说明我们中朝两国人民的友谊是用烈士的鲜血凝成的。你们做得对，做得很好。"

　　毛主席送彭德怀离开中南海，他还陪着彭德怀散步，走出很远的一段路，还在叮咛："注意志愿军司令部的安全。"他看着天空对彭德怀招着手说："天又要下场雪呀。"送走彭总，他回到屋内心情怎么也平静不下来，他拿起笔铺上几张纸，连着写了几个"雪"字，自己都不中意，索性停下笔。他思念杨开慧，思念岸英，他没有落泪，一连抽了几支香烟。这夜他失眠了。

北京城又落了一场洁白洁白的雪。毛泽东早晨起床后看着窗外洁白的大雪，在雪地上有群小鸟在跳着，他严肃地对秘书说："这雪不要扫！也不要把小鸟赶飞了！"秘书知道毛主席对儿子的思念心情，这场洁白洁白的大雪就是见证！

志愿军首长带着同志们，准备把毛岸英和高瑞欣的坟挪进朝鲜平安北道桧仓郡志愿军烈士陵园。还没等他们动手挖开土，朴真真阿妈妮手拉着小龙女和许多阿妈妮跑来了。她向志愿军首长问明情况后，抱着水葫芦往坟地一圈儿一圈儿洒着水，然后她往坟前一站说："志愿军同志，这是我儿子的坟，谁也不能挪动！我老了，就由我孙女小龙女看守这座烈士坟！"

志愿军首长亲切地向她解释说："阿妈妮，这是志愿军烈士坟，我们是奉命来挪的。"朴真真阿妈妮拍着胸说："他永远地埋在我们朝鲜人民的心头。他是我的儿子呀！这坟谁也不能挪呀！"

面对朴真真阿妈妮非常坚决的表情，志愿军首长只好告诉她说："阿妈妮，你知道这位志愿军烈士是谁吗？他是中国人民的领袖毛泽东的儿子。"

朴真真阿妈妮一时愣住了，她不知道说什么好，过了片刻，她对着北京方向，深深地施了一礼，又对毛岸英的坟施了一礼！突然，她抱住志愿军首长的胳膊泣不成声。

在破土移棺时，朴真真阿妈妮和许多阿妈妮没有离开坟场。她一手拉着小龙女，一手把葫芦里的水洒在坟头上！

在朝鲜桧仓郡中国人民志愿军烈士陵园里，有一座普通的志愿军烈士墓，在墓碑正面镌刻着"毛岸英同志之墓"七个大字，在墓碑的背面是中国人民抗美援朝总会刻下的一段碑文：

毛岸英同志原籍湖南省湘潭县韶山冲，是中国人民领袖毛泽东的长子，一九五〇年他坚决请求参加中国人民志愿军，于一九五〇年十一月二十五日在抗美援朝战争中光荣牺牲。

毛岸英同志的爱国主义和国际主义精神将永远教育和鼓舞着青年的一代。

毛岸英烈士永垂不朽！

毛岸英的妻子刘思齐没有一天不沉浸在对岸英的深切想念之中。她只接到岸英的一封信，并不知道岸英到了什么地方。直到1952年，才有人给了她一张岸英的照片，岸英穿着朝鲜人民军军服，显得那样威武英俊。思齐心头涌现一缕甜美和自豪。毛主席没有明确告诉她岸英在哪里。到了1953年，思齐的思念和担心更加难以承受了，于是有一天，她几乎是不顾一切地冲到父亲毛主席那里，询问岸英的确切下落，她劈头盖脑不顾一切地问："爸爸，

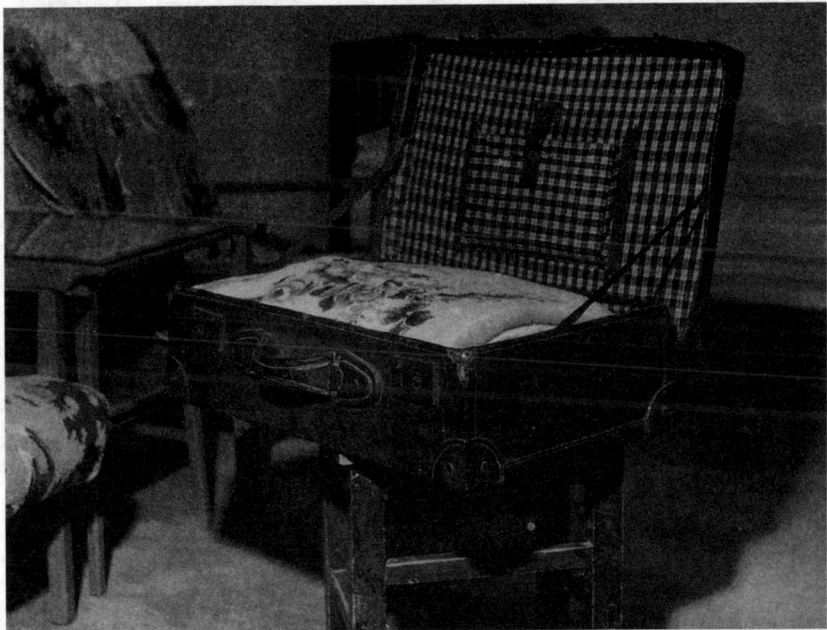

△ 毛岸英的个人遗产只有这个皮包和几件衣服。他牺牲后，毛泽东将他的遗物一直保存在自己的身边，直到去世。1979年刘思齐将毛岸英的遗物送到韶山毛泽东同志纪念馆

岸英为什么这么长时间没来信？"毛泽东呆住了，拿烟的手开始颤抖起来。

刘思齐一切都明白了，眼前开始模糊起来，泪水像开闸的河水沿着脸颊滚滚而下。

"岸英已经牺牲了。"这时一个苍老而悲痛的声音悠悠地传了过来。接着又传来一句，"我也是过了很长一段时间才知道的。以后，你就是我的亲女儿了！"这就是父亲给思齐的回答。

虽说刘思齐早就有所怀疑，但怀疑一旦被证实，她就被击倒了，思想停滞了，脑中一片空白……不知过了多久，她耳边传来卫士长李银桥的声音："你别哭了，你爸爸的手已经冰凉了。"她哽咽着走向父亲，无言地握住他那双大手，那双在她的印象中一直是温暖而柔和的

△ 2001年5月，刘思齐在北京寓所审阅《毛岸英》书稿，并亲自修改了部分章节

大手，但是此刻这双手却是冰冷的。冷静下来后，她终于明白了：岸英牺牲后，父亲一直在忍受着痛苦做她的工作，他担心她承受不了这可怕的噩耗，迟迟不肯告诉她，还得用种种"谎言"对付她的询问，他希望她能坚强地承受住这致命的打击。老年丧子的父亲，为了她这个目前尚不明真相闯入家门的女孩子，不得不强忍悲痛地教育她。他说："干革命就会有牺牲！我毛家⋯⋯"他历数着毛家牺牲的家人，历数着为革命献身的烈士，其中也包括她的父亲和继父。这一切都是为了她能承受住岸英的牺牲！但是当时她无论如何也想不通这些烈士名单中居然也会包括岸英！

岸英千真万确地牺牲了，父亲已明确地回答了她。但她仍然接受不了这个事实。她的感情、她的心都拒绝它！她接受不了他的死亡，她总觉得他还活着，活在一个遥远的、她所不知道也去不了的地方。痛哭过后，觉得岸英并没有离她太远，几次父亲给她写信，都称她为女儿，给了她无比深厚、伟大的父爱。但是，她的最可爱的人岸英牺牲了！这种感情上的拒绝，一直持续到岸英牺牲整整十个年头。

1960 年的春节，毛泽东把脉似的安排她到岸英身边去，为了她真正能接受岸英死亡的事实，他用自己的稿费资助她和有关亲属去给岸英扫墓，他不准她们用国家一分钱，也不让她们打扰朝鲜的有关方面。临赴朝前，她去向父亲辞行，毛泽东拉住她的手说："思齐，告诉岸英，你也是代我去给他扫墓的，我们去晚了。告诉他，我无法自己去看他，请他原谅。告诉他，爸爸想他、爱他⋯⋯"父亲说不下去了。哽咽堵得思齐喘不上气来，她意识到只要一张口便会恸哭失声，她用手紧紧地堵住嘴，拼命地点头，退出了父亲的书房。

刘思齐在桧仓郡志愿军烈士陵园里，站在那圆形的用冰冷的花岗岩砌成的岸英墓前，站在刻有岸英名字的那大理石碑前，她才意识到岸英真的走了。她哽咽着说："岸英，我来了，看你来了……爸爸想你、爱你……"

附 录

主要参考书目

《毛泽东传》(中央文献编) 中央文献出版社

《毛泽东书信选集》(人民出版社编) 人民出版社

《老一代革命家家书选》(中央文献编) 中央文献出版社

《毛泽东一家人》(上下)(赵志超著) 中央文献出版社

《东方巨人毛泽东》(李捷 于俊道主编) 解放军出版社

《毛泽东生活档案》(中共党史资料出版社编) 中共党史资料出版社

《青年毛泽东》(高菊村等著) 中共党史资料出版社

《毛泽东传》(美/R. 特里尔著) 河北人民出版社

《西行漫记》(美/埃德加·斯诺著) 三联书店

《毛泽东遗物事典》(韶山纪念馆编) 红旗出版社

《毛泽东——领袖交往实录》(钟辰等编) 四川人民出版社

《毛泽东诗词集》(中央文献编) 中央文献出版社

《毛泽东家书》(谢柳青编著) 中原农民出版社

《毛泽东家世》(李湘文编著) 人民出版社

《毛泽东的故事》(马晓春 刘玉琴编著) 二十一世纪出版社

《毛泽东诗词鉴赏》(公木著) 长春出版社

《我的伯父毛岸英》(毛新宇著) 长城出版社

《韶山风云》(中共韶山区委编) 中国青年出版社

《杨开慧》(话剧)(乔羽 树元等编) 河南人民出版社

《我的父亲毛泽东》(李敏著) 辽宁人民出版社

《毛泽东的儿女们》(中外文化出版公司编)中外文化出版公司

《毛泽东的感情世界》(彬子编) 吉林人民出版社

《毛泽东和他的父老乡亲》(赵志超著) 河南人民出版社

《毛岸英身世之谜》(金振林著) 青海省《瀚海潮》编辑部

《彭德怀自述》(彭德怀自述编辑组) 人民出版社

《横刀立马彭大将军》(人民出版社编) 人民出版社

《彭德怀军事文选》(中央文献编) 中央文献出版社

《我的伯父彭德怀》(彭梅魁著) 辽宁人民出版社

《彭德怀军旅生涯》(上下)(宋梅 孙晓编著) 黄河出版社

《彭德怀与毛泽东》(刘松茂等编著) 湖南人民出版社

《忆彭大将军》(张平凯著) 辽宁人民出版社

《周恩来与抗美援朝战争》(张秀娟 张民著)上海人民出版社

《中国人民志愿军抗美援朝战史》(军科研究部编著) 解放军出版社

/100位

新中国成立以来感动中国人物 /

丁晓兵　马万水　马永顺　马恒昌　马海德　中国女排五连冠群体

孔祥瑞　孔繁森　文花枝　方永刚　　方红霄　毛岸英

王　杰　王　选　王　瑛　王乐义　　王有德　王启民

王进喜　王顺友　邓平寿　邓建军　　邓稼先　丛　飞

包起帆　史光柱　史来贺　叶　欣　　甘远志　申纪兰

白芳礼　任长霞　刘文学　刘英俊　　华罗庚　向秀丽

廷·巴特尔　许振超　达吾提·阿西木　邢燕子　吴大观

吴仁宝　吴天祥　吴金印　吴登云　　宋鱼水　张　华

张云泉　张秉贵　张海迪　时传祥　　李四光　李春燕

李桂林和陆建芬夫妇　李素芝　李梦桃　李登海　杨利伟

杨怀远　杨根思　苏　宁　谷文昌　　邰丽华　邱少云

邱光华　邱娥国　陈景润　麦贤得　　孟　泰　孟二冬

林　浩　林巧稚　林秀贞　欧阳海　　罗映珍　罗健夫

罗盛教　草原英雄小姐妹　赵梦桃　钟南山　唐山十三农民

容国团　徐　虎　秦文贵　袁隆平　　钱学森　常香玉

黄继光　彭加木　焦裕禄　蒋筑英　　谢延信　韩素云

窦铁成　赖　宁　雷　锋　谭　彦　　谭千秋　谭竹青

樊锦诗

图书在版编目（CIP）数据

毛岸英 / 杨大群著. -- 长春：吉林文史出版社，
2012.10（2024.5重印）
（100位新中国成立以来感动中国人物）
ISBN 978-7-5472-1243-1

Ⅰ. ①毛… Ⅱ. ①杨… Ⅲ. ①毛岸英（1922～1950）
－生平事迹－青年读物②毛岸英（1922～1950）－生平事
迹－少年读物 Ⅳ. ①K827=7

中国版本图书馆CIP数据核字(2012)第254992号

毛岸英

MAOANYING

著/ 杨大群

选题策划/ 王尔立　责任编辑/ 王尔立 李洁华 任玉茗

装帧设计/ 韩璘

出版发行/ 吉林文史出版社

地址/ 长春市福祉大路5788号　邮编/ 130118

电话/ 0431-81629363　传真/ 0431-86037589

印刷/ 天津海德伟业印务有限公司

版次/ 2012年12月第1版 2024年5月第5次印刷

开本/ 640mm×920mm　1/16

印张/ 9　字数/ 100千

书号/ ISBN 978-7-5472-1243-1

定价/ 29.80元